ヘルパーが支えた老老介護24年

ピンチをチャンスに、笑顔でつなぐ認知症ケア

谷口政春（元京都堀川病院院長）
(福)京都福祉サービス協会

かもがわ出版

まえがき

この物語は、余命４年半と言われた認知症高齢者が、ヘルパーに支えられた老老介護＊で、発症後24年間の命をまっとうした記録です。ここまでできた認知症ケアについて、「ピンチをチャンスに変え、笑顔を届ける」ヘルパーの在宅ケアの実践を、認知症の当事者の方とそのご家族、ヘルパーとその事業所、ケアマネジャーなど認知症の在宅介護に関わっている方々に伝えたいと思い、20年余の記録を整理し、ヘルパーのケアエピソードで綴りました。

認知症は決して、できなくなることばかりが増えていく悲観的な病気ではなく、認知症になっても、「楽しく、明るく、生き生きと」住み慣れた地域の中で暮らしていけること、そしてそれを支えるヘルパーのケアの素晴らしさを伝えたいと思います。またそのためには、認知症の人にとってどのようなケアが必要なのか、どのような関わり方が大切なのかを、実際の体験に基づいて伝えたいのです。

本文に登場する、「君ちゃん」は京都市に住まわれた谷口君子さん、「先生」はその夫である谷口政春さんです。

なお、本文中のわかりづらい用語については＊印をつけ、本文末に解説（１６２頁）を記述しましたので、参照してください。また、文中に登場する職員の役職・職種名は当時のものであることをお断りしておきます。

《「君ちゃん」と呼ぶようになった経過と理由—本文から》

（1997年の）ある日を境に君ちゃんは先生のことを、親を慕うように「お父さん」と呼び始めます。二人の関係は「配偶者」ではなく〝父親と子供〟という関係に変化し、先生は父親を演じることで、君ちゃんとの心のつながりは保たれたのでした。これをきっかけに、ヘルパーもお芝居の要領で、子どもの頃のお友達のように「君ちゃん」と呼んで接すれば介護拒否が減るのではというアイデアが生まれました。本来なら、ヘルパーはご利用者さんに向かって「〜ちゃん」と子ども扱いともとれるような呼び方はしません。君ちゃんも「君子さん」と呼ぶのが通例ですが、このようないきさつにより、ヘルパーの間では「君子さん」ではなく「君ちゃん」と愛称で呼ぶようになったのです。

ヘルパーが支えた老老介護24年

ピンチをチャンスに、笑顔でつなぐ認知症ケア

◆もくじ

イラスト　川内直美
装丁　加門啓子

序　章　君ちゃんとヘルパーとの出会い

君ちゃんが認知症を発症したのは１９８９年64歳の時でした。嫁ぎ先の娘さんが、神戸にいる君ちゃんの妹さんから「最近、お母さんおかしくないか」との連絡を受けたのが始まりでした。同じ内容の電話が何度もかかってきたのです。

君ちゃんは夫である医師の「先生」と二人暮らしでしたが、家の中でも少しずつ変化が起きていました。先生は夕食の献立がだんだん単調になっていくことに気付きます。鯛の刺身ばかりが食卓に並ぶようになり、ある日押し入れからも鯛の刺身が見つかります。数日後には、先生の往診中に「財布を盗られた」と電話がかかってくるようになりました。

そんなことが何度も続いた結果、君ちゃんはアルツハイマー病＊と診断され、当時の医学的常識から余命４年半くらいだろうと先生は予測しました。先生は、この病気に関する理解は不十分で、介護のイロハも知りませんでした。当時は、在宅介護サービスも無いに等しい時代でした。老人福祉施設はありましたので、入所できる施設があるか見学にも行きましたが、君ちゃんは施設に入ることを嫌がり、先生も入れたいと思うような施設はありませんでした。君ちゃんが施設に入ると、先生は一人ぼっちになってしまいます。先生はそんな生活には耐えられない、孤独に陥りたくないと、別々に暮らすことは考えられませんでした。また、それまで仕事を一生懸命してきて、君ちゃんを一人にしたことがこういう結果を招いたのではないかという自責の念もあり、残された4年半を何とかしないといけないという使命感もありました。こうして、残された時間をどう生きるかという問題が二人の前に立ちはだかりました。

先生は、苦労を覚悟で、君ちゃんのためにも自らのためにも、住み慣れた家で、1日でも長く共に暮らす道を選択されました。当時は、君ちゃんが20年以上も生きるなどとは考えられませんでしたが、結果として、4年半の余命をはるかに越えて共に歩いてきたのです。

認知症発症当時、仕事を持つ先生が君ちゃんと一緒に過ごせるのは週末だけでしたが、二人は週末ごとに思い出作りの旅へと出かけ、「きれい、きれい」と君ちゃんが喜ぶ限りその旅は続きました。しかし、やがて君ちゃんは旅にも好きだったお芝居にも興味を示さなくなります。

残酷にも病気は進行し、二人だけの平穏な在宅ケアは長くは続きませんでした。1992年、最初の徘徊＊が起こります。以前住んでいた京都市左京区吉田に、君ちゃんは古い友人を訪ねて行きました。その人が懇親会の通知をもって家まで訪ねてきてくれたものと錯覚し、お礼を言いにいくつもりだったそうです。

こうして、「今日1日を共に生きる」をモットーに、在宅介護の手探りの旅が始まりましたが、君ちゃんが記憶を奪われていくごとに大変なハードルが待っていました。「介護はピンチ、ピンチの連続だった」と先生は言われています。苦労は覚悟していましたが、もうここまでかと追い詰められることもしばしばありました。平日の5日間を一人で家に居ることが難しくなっていきました。先生の土日のみの週末介護の限界が近づき、1992年には「24時間フルタイムケア」が必要となりました。

君ちゃんはきっと寂しかったのでしょう。先生の勤める病院まで、「お父さん」と探しに行ったこともありました。約8キロの道のりを、バスやタクシーに乗ることもなく歩いて行ったのです。自分の行動がだんだん周囲と噛み合わなくなっていくことに、深い孤独と不安を抱えてしまった君ちゃんは、縁側の洋裁机の前に座り込んで「死にたい、死にたい」を口にするようになりました。その様子を見ていた先生は、「もう一人にはしておけない」と判断し、自分が勤務している留守の間、自宅で君ちゃんと過ごしてくれるようなサービスはないかと病院の同僚に相談したことから、京都福祉サービス協会との出会いへとつながりました。

京都福祉サービス協会のヘルパーと先生、君ちゃんご夫婦との出会いは、1993年3月に溯ります。医師であった先生が病院へ勤めに出る間、認知症の君ちゃんの見守りをしてほしいと頼まれたのがきっかけでした。以来お二人のことを「君ちゃん、先生」と愛称でお呼びし、「ピンチをチャンスに」を合言葉に、2013年に君ちゃんがご逝去されるまで、20年以上にわたる介護生活を共に歩んできました。

君ちゃんの認知症が進むにつれ、徘徊や介護抵抗が増え、食事や排泄が難しくなり、睡眠リズムが乱れて昼夜逆転の生活となっても、先生は施設入所を拒み、在宅で君ちゃんと生活することを続けました。先生は「介護はピンチ、ピンチの連続」とよく言っておられましたが、君ちゃんと先生を支えるヘルパーにとっても、まさに一難去ってはまた一難……常に新しいピンチの連続でした。先生の要求に応えられず、やり取りもうまくいかず涙する日もありました。しかしそれでも、お二人のケアを通して過ごした日々は、かけがえのない財産だと、現場のヘルパーたちが言っています。それは、先生が失敗をおそれず現場で学ぶ環境を与えてくれたこと、そして次のような思いをヘルパーに対して持っていてくれたからだと思います。

「20年以上在宅介護を続けられたのは、ヘルパーさんによる介護のおかげです。介護というのは、医療や看護を凌ぐものを持っているのだと思います。（君子は）動けないはずなのに動けたのです。足を上げなさいと言うと上げたのです。心のふれあいができていたのでしょう。重度になっても心は生きているのです」と先生はいつも言われました。

生き生きとした在宅介護を続けるには、家族の力だけでなく、ヘルパーという外からの風が笑顔を運んできてくれるのだと先生は考えておられました。その期待にヘルパーはどのように応えていったのかを、各ヘルパーの振り返りの語りを通して、在宅での認知症ケアにおける様々なエピソードを紹介したいと思います。

第1章

楽しく、明るく、生き生きと

—最高の居場所づくり—

（1993～1997年）

1　百成洋子ヘルパー：「笑顔の道」を切り拓いた人

認知症発症の初期の段階で訪れた最初のピンチ、孤独による不安、抑うつ、被害妄想、生活意欲の喪失、徘徊と、家族だけではどうすることもできなかった「ピンチをチャンス」に変えて、君ちゃんの24年間にわたる「在宅介護の道を切り拓いたヘルパー」の実際のケアについて紹介します。

百成ヘルパーのケアは、認知症になっても初期の時期には精神的な安定（楽しく、明るく、生き生き）があれば、心穏やかに過ごすことができ、まだまだできることが多くあることを発見し、君ちゃんの自信に繋げていきました。どんなふうに接したら君ちゃんが楽しく過ごすことができるかを迷いながらも見つけていく過程で、ヘルパーという存在が君ちゃんと家族を繋げていくという「天使のようなヘルパー」（先生曰く）の登場です。「死にたい」と言っていた君ちゃんに笑顔が戻り、先生や家族にとっても光の射す思いが実感でき、ヘルパーによって、認知症になっても明るく生き生きと暮らしていくことができる在宅ケアがスタートしました。

（1）「寂しくさせない」24時間切れ目のないケアの始まり

【百成ヘルパーの言葉】

介護保険前に始まった君ちゃんへのヘルパーの訪問は、先生が病院勤務をされている間で、娘さんの訪問のない日に、「見守り」を中心として、1993年3月18日から始まりました。サービス時間は午後14~17時の1回3時間、月水金の週3回でした。内容は、漠然としており、買物と調理が入っていましたが、具体的なお仕事の進め方はお任せしますとのことでした。3時間という時間は、君ちゃんの感情に触れながら、君ちゃんが楽しいと思うことを探したり、試したりすることができました。私の訪問を君ちゃんは気持ちよく受け入れて下さり、3時間の訪問の中で、近所のスーパー〈いおり〉まで二人でよく買物に行きました。時にはちょっと遠回りし、畑の作物やお花を見て散歩をしたり、バスに乗って植物園や動物園、君ちゃんが以前住んでいらした出町柳駅方面などへもよく遠出をしました。

何もすることがない時はしりとり遊びをすることもありました。また、ご近所のお友達の出入りも多く、私がいる時間を見計らって、ご近所のお友達二人が時折遊びに来て下さり、君ちゃんが喜んで、いそいそとお茶の用意をされ、4人で雑談をしながら、にこにこと輪の中に入って、楽しい時間を過ごすことができました。私の関わった1年はまだそれほど大変ではなく、ゆったりした訪問活動を通して、ヘルパーも一緒に楽しませてもらったのが実情です。

一方、楽しい時間はにこにこと過ごせるのですが、君ちゃんは「不安な気持ち」を度々訴えられました。君ちゃんが不安な気持ちを訴えられると私もパニックになりました。君ちゃんの不安を取り除くにはどのように対応したらよいか、どんな声かけをしたらよいかと本当に困りました。当時、認知症のケアに関する情報は非常に少なく、相談できる人もなく、手さぐりでケアをするという状況でした。私が最初に直面した「ピンチ」です。君ちゃんの「一人になることの不安な気持ち」とヘルパーの「孤独にさせない、不安を取り除くための挑戦（試み）」について紹介します。

【「連絡ケアノート」から】

①一人になる不安、一人にさせる不安

「主人は帰ってくるかしら？　主人が帰って来てくれると本当に良いんだけれど。主人が帰って来てくれたらお礼を言わないと」等々、私は君ちゃんに当てられっぱなしでした。今日も非常に安定した3時間でした。時には勤務先の堀川病院へ電話をされましたが、「お帰りになられました」という返事で、少し安心されたようでした。ご主人がお休みの日は、君ちゃんも安心されるのか非常に落ち着いていてらっしゃるのがよくわかりました。「一人になったらどうしよう」「奥さんが行ってしまったら涙が出る」と言われ、ヘルパー活動終了の5時を迎えました。君ちゃんが「奥さん、一緒にごはん食べよ」と言われ、5時10分、一人で枝豆をつまみました。5時前から少し不安を訴えられますが、「一緒に待っているから心配しないで」と言いますと、少し安心してもらえるようでした。また、雨が降ってくると、私のことを心配して「奥さんどうする？　泊まっていったら？」と言われました。また、ある日は、表で私の訪問を待って下さったり、チャイムを鳴らすと「奥さん、もう来てもらえないかと思った」と笑顔で迎えて下さいました。

②一緒に楽しめることを見つける

今日初めてあやとりをしてみましたが、二人とも結構楽しむことができました。子供の頃の遊びを思い出すのも良いかもしれません。

調理が終わってから、歌を歌ったり、あやとりをして遊びますが、以前と比べると表情も明るくなり、笑顔が多くなったように思います。今から思うと、訪問した最初の頃は、「主人は？」と何度も聴かれ、電話帳を離せなかった状態は淋しさに悲鳴を上げてらしたのかもしれません。24時間切れ目のないケアを、ご家族とヘルパーとの連携プレイによって、君ちゃんが楽しく明るく生き生きと生活をすることができたら素晴らしいことだと思います。

調理の終了頃の会話、「ほな、あっち行って遊びましょか？」「そやね、何して遊ぼかな。奥さんトランプしたことありますか？」「ええ、したことあります」「ほな、花札は？」「花札は知らない」「そやね、奥さんやったら百人一首かな？」という訳で、百人一首を少し口ずさんでみますと、君ちゃんも覚えておられますので、このお正月には皆さんで、かるたとりをして遊べるのではないでしょうか（ささやかですが、家族への光射す提案です）。

出町商店街で買い物をして来ました。七夕の飾りがしてあったので、少し楽しめたかもしれません。この頃は年配の方もおしゃれをしておられ、興味を示されました。

買い物もお料理も順調に終えて、折り紙で遊んでいます。折っている間は楽しんでもらえるのですが、でき上がると「お父さん帰って来やはるや

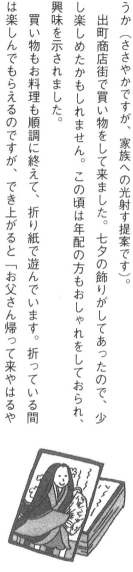

ろか？　電話しようか」と心配になります。2、3折ってから「お父さんもう直ぐ帰って来やはるし、後は一人で待っててや」と言うと、「奥さん帰ったら私一人で淋しくなるから、一緒に折り紙しよう」と上手に誘って下さる。でも、割りに安定した状態が続いているし、留守番をする時間も必要と思いましたので、「後10分で帰って来やはるし」と納得してもらって、5時半に帰らせてもらいました。

《先生の言葉》

この頃、私や家族と百成ヘルパーとは、直接会うことは余りありませんでしたが、連絡ケアノートには、その日の出来事、妻の反応が書いてあります。ヘルパーさんの人柄が伝わってきます。妻が百成さんを本当に信頼し、楽しくしている様子が手に取るように読み取れます。ヘルパーを通して妻が生き生きとしてくる様子がわかります。私との間にも少しずつ変化が表れてきます。私の帰りを待っていたかのように、玄関まで出迎えてくれる日が多くなりました。また、連絡ノートの中で、「百人一首を少し口ずさんでみますと、奥さんも覚えておられますので、このお正月には皆さんで、かるたとりをして遊べるのではないでしょうか」とあります。

できないことが増えていくことばかりに注目していた暗いイメージの認知症を一転させる、認知症でもまだできることがあることを見つけてくれた、家族に勇気と元気を与えるような、光射す提案でした。

(2) 笑顔を取り戻した奇跡、ピンチ(困りごと)から生まれた奇跡

【百成ヘルパーの言葉】

訪問を始めて半年の頃、1993年10月15日、夕方近くになると、「お父さんは?」と繰り返し何度も聴かれ、その度に「今病院で患者さんを診てはるし、終わったら帰ってきはるしね」と言うと素直に受け止めて下さいましたが、30秒ほどするとまた「お父さんは?」と繰り返し聴かれました。何度も何度も言われるものですから、ヘルパーのほうがパニックになり、どう答えたらいいのかと困り果てました。これまで認知症の人と接した経験がなく、どのような対応をしたらよいのかと悩み、事務所に相談しても解決できませんでした。

ヘルパーの先輩に相談したところ、「歌はどう」と勧められ、ラジカセとテープ、歌詞カードを用意し、一緒に唱歌を歌うようになりました。すると君ちゃんがどんどん明るくなっていかれ、不穏になられる夕飯の支度時も、テープをかけておくと、歌いながら野菜を洗ったり、皮を剥いたり、切ったりすることが一緒にできました。時々「主人は帰ってくるかしら」と言われますが、情緒は安定している時間が多くなりました。また唱歌を一緒に歌うことはヘルパーの楽しみにも繋がりました。時には玄関を開けるなり裸足で飛びついてこられ、ヘルパーを心待ちにして下さっていることがよくわかりました。先輩のアドバイスから唱歌が君ちゃんとヘルパーを繋ぎ、お互いの楽しみにまで発展していきました。君ちゃんが明るく変化してきている、情緒が安定してきていることを実感できました。

その頃の連絡ケアノートに「最近の奥さんは明るくてとてもよい状態だと思います。調理が済んでから一緒に合唱するのも楽しみの一つです。ご主人のことを度々聴かれますが、用事が終わって歌い始めると不安が解消されるのか殆ど言われなくなります」と書いています。「困り果てた」ことから始めた「唱歌」は、私の「オタスケマン」でした。

《先生の言葉》

ある日のこと、歌声は妻と私を繋ぎました。私が仕事から帰宅すると、妻は歌集を持って来て、一緒に歌おうとせがみます。驚きです。唱歌を30～40曲は歌いました。それからは唱歌を合唱するのが日課となり、歌ってからでないと食事にはならないという日々が続きました。縁側に座り、「死にたい、死にたい」とふさぎ込んでいた頃とは大変な変わりようで、「楽しく、明るく、生き生き」した状況が1年続きました。ヘルパーが見つけてくれた歌声は、家族に喜びを与えてくれた天使そのものでした。

（3）ほめ上手、おだて上手で心地よい関係を築く

【百成ヘルパーの言葉】

私が訪問の中で気をつけたことは、その人の生きてこられた人生を大切にすることが大事だと考えて接していたことです。君ちゃんには野菜を洗う、皮を剥く、切るなど得意なことがまだまだたくさ

んありました。残存機能を活用してなるべく手伝ってもらうようにしました。訪問して、洋裁の材料は出ていたけれど仕事はまだされていない様子だった日には、「奥さんがんばってるね」と声かけをすると、君ちゃんは「そんなことないよ」と言いながら仕事を始められ、洋裁に集中されました。笑顔を絶やさず、ほめ上手、おだて上手、言葉づかいも丁寧に、を実践しました。君ちゃんをその気にさせ、特技を尊重しました。

ある日のこと、甘鯛を焼いた時皮の方が少々黒くなりすぎました。ちょっと見た目が悪いなあと思っていたら、君ちゃんが「ひっくり返そう」とおいしそうに焼けた方を上にされました。なかなかどうして、臨機応変に対処されたことに感動しました。君ちゃんの意見で餃子を作った時には、包むのも私よりずっと上手でした。

別の日にはスカートの裾上げをされています。やはり仕事をしている時（得意なことことをしている時）が一番いいように思いました。

また、夕ご飯の支度の時、パン粉が沢山あるので、「沢山あるなあ」と言いましたら、「どこかへ持って行って売りたいわ」とユーモア溢れる会話で、二人で顔を見合わせ大笑いしました。君ちゃんは5分前、10分前の事、また昨日の事などは殆ど忘れておられることが多かったですが、印象に残った事などは聴き返されることもあり、「あれ、ちゃんと覚えたはるなあ」と思う時がありました。

また別の日には、訪問客があり、誰かと思ったら害虫駆除の業者で、君ちゃんに色々質問をしているので「これはまずい」と思って君ちゃんに代わって出ていこうとしましたが、君ちゃんが実に上手に断られているので、業者もスゴスゴと退散しました。こういう時の君ちゃんは、本当にしっかりされていると思いました。
認知症になるとできないことばかりに目が行ってしまいますが、日常生活の中では、側に誰かがいれば、まだまだできることがあり、できることがご本人の自信に繋がり、笑顔に繋がるということがわかりました。ご利用者の笑顔はヘルパーの喜び、やりがいに繋がったんです。

《先生の言葉》

家族はできないこと、できなくなっていくことばかりが気になってしまい、できることに気付かずに過ごしていたことにはっとします。また、家族はできないことをやらせないといけないと必死になります。すると本人はちっとも楽しくありません。認知症の人は感性が鋭くなり、できないことを指摘されたり、嫌なことを強制されたりすると、そこから逃げ出したくなります。百成ヘルパーの書く連絡ノートには、妻のできることのきめ細やかな観察とできていないことをそっとサポートしている関わり方がよくわかりました。加えて家族への労いの言葉がいつも添えられていて、家族も百成ヘルパーに癒され励まされました。

そして、百成ヘルパーは次々に、まだまだできることを発見してくれました。本人が喜んで生き生きしている様子に、もっといっぱいできることが見つかるのではないかという思いにもなり、認知症になっても楽しく明るく生き生きと暮らすことができるという希望を持つことができ、認知症の人の見方を変え、一緒に過ごすことの大切さをヘルパーから学びました。

（4）失敗から、寂しくさせないケアの大切さを学ぶ

【百成ヘルパーの言葉】

毎回の訪問の中でうまくいったことばかりではありません。新たな失敗から活動中に工夫をしたことがありました。

一つは買い物中の失敗です。ある日のこと、〈いおり〉で買い物を終え家に帰りましたら、買った覚えのないウインナーが入っていました。あわてて直ぐに返しに行きました。ヘルパーが付いていながら大失敗です。この経験から、失敗を繰り返さないように、君ちゃんにスーパーのかごを持ってもらい、私が君ちゃんの買い物袋を持つようにしました。

もう一つの失敗は、ヘルパー訪問中に君ちゃんが一人で外出されてしまったということです。お友達の橋本さんの奥さんから電話があり、「水曜日の4時前に奥さんが訪ねて来られましたが、ヘルパーさんは留守でしたか?」と聴かれました。ちょうど連絡ケアノートを書いている時間に一人で出て行かれたのでした。橋本さんには「目が行き届かず、すみませんでした」と謝っておきましたが、私が居ながら注意力が足りなかったことを深く反省しました。同時に、寂しくなったり、することが無くなったり、退屈したり楽しくなくなったら、私が初めて訪問したころのように、一人になる不安、寂しい気持ちが君ちゃんを覆うということです。そしてそれは徘徊に繋がります。君ちゃんが自宅で楽しく明るく生き生きと過ごしてもらうこと、寂しくさせないケアの大切さを実感しました。

（5）百成ヘルパーのケアのふりかえり

ご家族が、君ちゃんを一人にしておけない状態だと判断し、一人にさせない状態を作ることにしました。その関わりの中でわかったことは、一緒に過ごすことの大切さを知ったことです。一緒にいるからこそご本人のできることを発見し、不安を解決し、一緒に楽しむことができたのです。

認知症になって記憶が奪われ、できないことが増えて行く中で、どんどん自信をなくし、ひいては、「死にたい、死にたい」と毎日を嘆く日々が続きました。認知症に絶望感を覚え嘆いていた日々から、百成ヘルパーが関わることで、君ちゃんの生活に変化が見られるようになりました。一緒なら何でもできるという実感が安心に繋がりました。安心は希望に繋がり、希望は楽しみを生み出し、生き生きと暮らすことを可能にします。

認知症の人は、ケアによって、生き生きと暮らすことができることを百成ヘルパーの実践は証明しています。認知症の人は「何しましょう？」と聴かれることが一番困ります。待たれているだけだと不安になります。けれど、一緒にできることを探し、一緒なら何でもできると思った時に、何もできないと思っていた不安から解放され、今ある生活を楽しむことができるようになります。

初期の認知症の方と関わるうえで、最も注目すべき大切なことは、一人でいることの不安から抑うつ状態に陥る前のできるだけ早い時期に、一人にしておかないこと、早くから関わることが、認知症になっても生き生きと暮らすことができるきっかけを作っていくのです。君ちゃんも百成ヘルパーが訪問した初めの頃、「主人は帰ってきますか？　主人が帰ってきたらいいのに」と繰り返され、また、百成ヘルパーに「一人になったらどうしよう、奥さんが行ってしまったら涙が出る」など、一人になることの不安を話されました。その時百成ヘルパーは、「一緒に待っているから心配しないでと言うと、少し安心してもらえるようです」と記録しています。まずは、不安な時にその胸の内を訴えることができること、聴いてくれる人が側にいる状態を作ることが必要です。そして、認知症の方がいつ不安になるか予測はできないので、本人にとっては切れ目のない支援の体制が求められます。

次に、本人がヘルパーを受け入れられるようななじみの関係を作っていくことです。それは、一緒に過ごすことで、つまり生活者として一緒に買い物や調理、洗濯などの家事をしたり、楽しいと思う時間、君ちゃんで言えば、折り紙や歌、あやとりをして、不安なく過ごす時間を作ることから始まりました。

初期の認知症の方へのケアにおいては、多くの時間をなじみの関係にある者が一緒に過ごすことが重要なのですが、介護保険下では、訪問介護の時間確保が難しい現状にあり、もどかしく思います。また、百成ヘルパーは、家族の居ない時に君ちゃんと過ごした時間の言動や行動について、家族にわかるように「連絡ケアノート」に記録しました。君ちゃんが話す言葉を記録することで、君ちゃんが不安に思っていること、楽しいと思っていることがよくわかります。「連絡ケアノート」は君ちゃんの状況を共有しケアを考えていくため、家族とヘルパーと事業所を繋ぐものになりました。それを作りましょうと提案したのはヘルパー事業所の相談員でした。先生や家族が、君ちゃんが困ったことにしか目が行かなくなっていた時、「連絡ケアノート」には、君ちゃんの心の動きや、君ちゃんとの接し方、家族へのねぎらいが綴られており、君ちゃんのケアのあり方、「介護のイロハ」を学ぶきっかけとなりました。実際の「連絡ケアノート」のやり取りを紹介し、その果たした役割を評価したいと思います。

【「連絡ケアノート」から】

1993年○月○日

先生　何もすることがないと言っていますので、また、適当なアドバイスをお願いします。

百成　私が余り手を出さないでできるように、努力したいと思っています。顔を見るととても喜んでいただき、ほっといたします。いつも帰る頃になると「主人は帰ってきますか」と聴かれます。いつも同じ繰り返しなので、これでよいのかなあと思っています。

先生　親しみが持て、話相手になっていただき満足しています。僅かの時間ですが、充実しているように思われます。ただ、物忘れは進行しているようで、時に思考が支離滅裂となって自分でも戸惑っているようです。

百成　奥さんが待っていてくださるのは、私にとっては喜びなのですから。ご主人が帰ってこられるか心配で、頭から離れないみたいです。とにかく電話をしたいみたいです。

先生　比較的安定した日々を送っています。この状態も百成さんの人徳と感謝しています。

百成　チャイムを鳴らすと「奥さん待っていたのよ」と出迎えてもらいました。「奥さんがんばっているね」と言いましたら、「そんなことないよ」と仕事を始められました。ご主人が書いてくださった事項を何度も読まれていますので、私が帰るのを了解してもらっているようです。また、財布に3～4千円ほどの金額が入っていたら十分足りるのですが、心配で中身を見ては「これだけしか入ってない」と何回も言われます。

先生　記憶力が低下しているため、金銭管理を含め総合的な判断が欠落してきています。しかし、何か買いに行かなければなど、生活意欲は一時期より活発な面も見受けられます。（白内障の目の手術をしました）

　ずっと元気にしていましたが、今日は1時頃から表に出て百成さんを待ち続けています。一人で居るのがつらいのかもしれません。

百成　先生が出かけられたところでしたか？　奥さんが表で待っていてくださいました。

1994年○月○日

百成　時々化粧品を欲しがられます。ゆっくりと時間をかけて散歩目的の買い物へ行きました。妙満寺では雪が残っており、口に入れて「ああおいしい」と童心に返られていました。

　最近少しずつですが、間食をされるようになり、また情緒面でも落ち着きを取り戻され、明るい気分で生活できるように回復されたのではないかと思います。

　君ちゃんとの会話の中で、5分前、10分前の事、また昨日の事などは殆ど忘れておられることが多いですが、印象に残った事などは聴き返されることもあり、「あれ、ちゃんと覚えたはるなあ」と思う時があります。

買い物へ行く途中、しりとり遊びをやってみたところ、結構楽しんで頭を働かせることができたようです

若山ヘルパーが来られ、奥さんへの対応の仕方などを説明し、くれぐれもプライドを傷つけることのないように、また、なるべく優しく接するようにお願いしておきました。その後、簡単に掃除をしていたら、奥さんも針箱の整理を始められてそれに没頭してしまい、ヘルパーとの間に一線を引かれたように感じました。またいつもの笑顔が消えてしまっていました。

いつものように歌を唄ったりしますが、私がこたつに入るとたまに睡魔が襲うことがあり、いつのまにか声が出ていなかったのでしょう。君ちゃんが「横になって寝たらいいよ」と座布団を持ってきて下さいました。これではどちらが介護者かわかりません。

宝ヶ池を散歩しました。花や鴨など目を楽しませる物がありますが、何よりも奥さんの注意を惹くのは幼い子供たちです。その顔は自然にほころび楽しげでした。

2 若山智佐子ヘルパー：最高のプレゼントは、家族に希望を
（1994〜1997年）

家族はできなくなることが増えてくる中で、できていることに目を向けるのではなく、できなくな

ったことばかり見ていました。進行する症状に、家族はケア（接し方）の方法がわからず、「何でできないの」「何回も聴いてるやん」「さっき言ったやん」という接し方になっていました。すると、君ちゃんはどんどん自信を無くしてしまいます。君ちゃんに寂しい気持ちが頻繁に起こるようになり、楽しいことを見つけては君ちゃんとの心の糸を繋げてきましたが、心の糸が切れる瞬間、君ちゃんと家族との繋がりが途切れてしまいそうになるピンチが次々と到来します。ヘルパーが事業所の規則で交代になるということもあり、せっかく馴染んだ関係が途切れてしまう不安も抱えました。

ところが、若山ヘルパーの登場で事態は一変します。若山ヘルパーは、君ちゃんのできることを次々に試していきました。

「演歌、折り紙、刺し子」と次々とできることが増え、若山ヘルパーと楽しい時間を過ごすことができ、君ちゃんはまだまだやれると思うようになりました。認知症の人は記憶を奪われていくことが当たり前で、新しい記憶ができるなんて信じられませんでしたが、若山ヘルパーのケアから認知症になっても新しい記憶ができることを発見しました。それは大発見だと思いました。君ちゃんは、独身の頃は謡いをやっていて、家事をしながら鼻歌まじりに口ずさむことはありましたが、演歌を歌ったことがありません。その君ちゃんが演歌を覚えては先生に教えます。先生は君ちゃんから演歌を教えてもらい毎日歌います。唱歌に続いて、「演歌」を通して君ちゃんと繋がることができたことに、家族は感動しました。

若山ヘルパーのケアからは、認知症の人が求めるケアを知ることができます。言い換えれば、心が繋がらない状態を作らない努力が、君ちゃんが毎日を楽しく明るく生き生きと過ごすことに繋がったということです。
「演歌」の次は「折り紙」、その次は「刺し子」と、君ちゃんは認知症になっても毎日を楽しく過ごすことができたというエピソードを紹介しながら、ケアの道筋を探し、こんなヘルパーがいたら認知症になっても生き生きと暮らせるということを伝えたいと思います。

【若山ヘルパーの言葉】

初めて谷口家を訪問したのは、百成ヘルパーから交代する時でした。その時、君ちゃんがエプロンをされていて、百成さんは普通の格好をされていたので、君ちゃんがヘルパーだと勘違いして挨拶をしていました。訪問時間は、先生が病院に行かれる月曜日の13時30分~17時の3時間半、木曜日の8~10時、娘さんが来られるまでの2時間の見守りで、週2回訪問しました。君ちゃんを一人にしない、「切れ目のないケア」の提供が目標でした。君ちゃんが不安になる時、寂しくなる時には機嫌が悪くなることがよくわかりました。そんな思いをさせないために、私の心がけたことは、「次は何しよう」と、君ちゃんが退屈しないように工夫をしたことです。訪問の中で、色々なことを試してみました。中には君ちゃんが全然楽しそうでなく、失敗に終わることもありました。次に紹介するのは、私が君ちゃんと「一緒に楽しんだ」エピソードです。

(1)「演歌」に挑戦、新しい記憶ができる大発見

【若山ヘルパーの言葉】

私が訪問すると交代で先生が出かけられ、君ちゃんと一緒に「バイバイ」と車を見送りました。初めのうち先生は「君子、行ってきます」と言って出かけられていましたが、それを言われると君ちゃんがとっても寂しがられるのです。そのうち先生がお出かけになるのを嫌がられ、ついて行かれることもありました。そこで、当時君ちゃんのお気に入りだった歌謡ショーのビデオをかけ、それを見て歌っておられる間に出てもらうようになりました。

初めの頃は、百成さんに続けて唱歌ばかり歌っていました。時には鍵盤の付いた音が出る童謡の本を持って行って一緒に歌いました。ある日、お宅に千昌夫の〈北国の春〉のテープがあったのをきっかけに演歌を歌うようになりました。このテープは先生が職場での一芸のために撮っておいたテープでした。君ちゃんの好きな歌とそうではない歌がありました。その頃から毎週NHKで放映される歌謡ショーをビデオに録画し続けました。そのビデオは100本以上になりました。

美空ひばりの〈川の流れのように〉や小林幸子の〈雪椿〉をとっても気に入られました。お気に入りのビデオは何回も見られるので、テープがすり切れてしまいました。ビデオを一緒に見る中で、歌手によって君ちゃんの反応が違うので、ヘルパーのほうから、「この人のこの歌」とリクエストもしました。新しいビデオテープを買うのは娘さんの役割、テレビを録画するのは先生の役割となりました。演歌は1994~1998年の約5年間も楽しむことができました。

《先生の言葉》

妻が、「演歌を覚え」「演歌を楽しむ」ことができるという発見は、家族が君ちゃんのためにビデオを撮り、ビデオを探すという、家族ぐるみのケアを見つけてくれ、認知症の人と共に暮らすという家族に希望と勇気を与えてくれました。妻が4年半で亡くなると思って諦めていた家族にとって、諦めなくていいという希望を見つけた一つ目の「最高のプレゼント」でした。

縁側で「死にたい、死にたい」と言われていた毎日から、私の帰宅を待つことができるようになり、明るく強くなり、私の帰宅後30分間は次々と演歌を歌い、歌ってからでないと夕食は食べないという状況が続きました。繋がりが途切れかけていた関係から再び繋がりを取り戻し、夫婦で楽しむ時間を過ごすことができました。ヘルパーという他人が入ったことで、夫婦で共有できる番組を見つけ、妻が喜ぶ姿を見ることができ、和やかな時間が作れました。そして、大発見は、楽しいことなら新しい記憶ができるということであり、家族も一緒に楽しめたことは家族の新たな役割を見つけることにも繋がりました。

(2) 君ちゃんが好きで、楽しむことのできる「折り紙」の発見

【若山ヘルパーの言葉】

君ちゃんがもともと手先が器用であったことを知って、「折り紙」もよくしました。きれいな色で折った鶴の折り紙は、どこの部屋にも台所にも置いてありました。君ちゃんは、折ったものを握り締

めては、お家の中を歩いておられたと思います。君ちゃんの鶴は、私よりも上手に端を合わせてきちっと折られ、とても几帳面な君ちゃんでした。

でもいつも折られるのは鶴ばかりなので、そのうち私が鶴を折るのに飽きてきて、くす玉に挑戦しようと思いました。君ちゃんはきれいな色が好きで、汚い色を見ると機嫌が悪くなるので、灰色や黒色は初めから抜いておくようにしました。くす玉は、いろんなきれいな色が重ねられ、君ちゃんと楽しむことができました。折紙は3～4年続きました。くす玉はいろいろな色で200個くらい作り、部屋中にいっぱい飾りました。

くす玉を作るという最終的な形はわかっていなかったかもしれませんが、折る作業に集中できたこと、色合いがきれいだったこと、何日か経って作品になったことは、君ちゃんとヘルパーが楽しみを共有することになりました。くす玉は私が見つけた君ちゃんとの楽しみで、「くす玉は私の専売特許」ということで、他の日に訪問するヘルパーには、くす玉の折り紙はしないように言いました。みんながくす玉を作り出すと、直ぐにでき上がってしまいます。そうすると、君ちゃんも飽きてしまいます。私が訪問している時間を、君ちゃんが退屈しないように、私も楽しみながら過ごそうと考えたからです。

《先生の言葉》

「集中して時間を過ごすことができる」「演歌以外にも楽しみを見つけた」ことがわかったことは、家族への二つ目のプレゼントとなりました。一人では作ることはできなかったけれど、ヘルパーと一緒なら次々に作品ができて行くことに感動しました。まだまだできる、と思うことができた瞬間です。くす玉を作っていく過程では、こんな色紙を買ってきてほしい、くす玉を吊るすためのリリアンを買ってきてほしいと、家族に注文が入ります。でき上がったくす玉は部屋の中に飾ります。すると妻は喜びます。くす玉を一緒に作っているわけではないけれど、材料を準備すること、作品を飾るという役割が家族に生まれます。くす玉を通して再び家族と繫がっていくのです。家族だけでは見つけられなかった新たな関係が生まれたのです。

また、若山ヘルパーが「くす玉は私の専売特許」と言ったことは、ヘルパーそれぞれが退屈させない楽しむケアの道を切り拓くきっかけとなりました。ヘルパーが得意なことを次々に試して挑戦してくれるのです。

やがて、若山ヘルパーのくす玉も何を作っているのかがわからなくなってきた頃、妻は折り紙がおもしろくなくなります。若山ヘルパーが訪問している時間でも、間が持たなくなり退屈してしまいます。新たなピンチです。それが次の楽しみを見つけていくきっかけとなりました。妻が楽しくなくなるというピンチは、次の楽しみを見つけるというチャンスとなったのです。

(3) 新たな楽しみを見つける挑戦から生まれた「刺し子」

【若山ヘルパーの言葉】

君ちゃんは昔、生地を買うところから洋裁をされていたので、ミシンに挑戦してみましたが、難しかったです。ある日、スカートの裾まつりをとてもきれいにされていましたので、他の繕いの必要なスカートを探し出しまつってもらいました。君ちゃんのまだまだできることの発見でした。そこで、「刺し子」に挑戦してみたところ、上手に針を動かされ、これはいいなと思いました。花布巾に始まり、クッションのれん、車の中の布団と次々作られ、そのうちご主人も交えて様々な刺し子作品を作りました。

娘さんは、君ちゃんの洋裁好きを生かして、キルトやパッチワークに挑戦しましたが、これは大失敗でした。キルトやパッチワークは完成図がよくわからないし、ここを縫ってという指示では何をしているかわからない、わからないからつまらないので、君ちゃんは楽しくなかったのでしょう。

刺し子が大成功したのは、縫っていく線が描いてあり、その通りに縫っていったらよいからです。スカートのまつり縫いの様子を見て、君ちゃんの今できる得意な運針を引き出すことができました。先生が針を持ったのは初めてのことでしたが、運針なら先生もできるし、一緒に刺し子もできました。娘さんに刺し子の材料を次々準備してほしいとお願いしました。

《先生の言葉》

若山さんは、家族のできることを次々に見つけてくれました。刺し子の材料準備は娘の役割、夫である私も刺し子ができること（一緒に楽しむこと）を発見したので、二人で過ごす時の私の役割となりました。それぞれの役割を家族も楽しむことができました。刺し子を通して、また君子と家族を繋いでくれました。家族は認知症と診断を受けた時に、認知症は忘れていくということが病気であり、できないことが増えていくというイメージでとらえてしまい、できることを見つける努力をしなくなってしまっていましたが、人として経験さえすれば、できることがあるということは大発見で、喜び以外のなにものでもありませんでした。妻と一緒に楽しめ、家族として共通の楽しむ時間が過ごせた事が、三つ目のプレゼントとなりました。

（4）若山ヘルパーのケアのふりかえり

君ちゃんを一人にすることがないように、若山ヘルパーと先生・娘さんとの引継ぎは顔を合わせて行いました。君ちゃんは、先生が病院に向かうために家を出ようとされると嫌がられ、付いて行こうとされるので、歌謡ショーのビデオを見て歌っている間に出かけてもらいました。

唱歌ばかりでなく、試しに演歌を一緒に歌ってみたら、次々と新しい歌を覚えることができました。君ちゃんは認知症になる以前、演歌を知りませんでした。歌ったこともありません。試しに歌ってみた演歌によって、認知症になっても新しい記憶ができることが発見されたのです。認知症の人に新しい記憶ができることは、今まで誰も気づかなかったことです。ヘルパーにとっても経験をしたことがない大発見でした。

新しい演歌の歌詞を認知症の君ちゃんが先生に教えるのです。先生は君ちゃんから学ぶのです。認知症の人にはなんでもやってあげないといけないのではなく、できることをまだまだ探し見つけることができるということを、若山ヘルパーのケアから理解することができます。

さらに折り紙への試みは、初めは鶴でしたが、きちんと折れるという君ちゃんの特技を発見してからは、折り紙に飽きてしまわないように、くす玉作りに挑戦し、ヘルパーも一緒に楽しみました。折り紙が楽しめなくなったら、次には刺し子に一緒に挑戦しました。また、料理日記を書いてもらうなど、できることはしてもらいました。ノートに字を書いてもらうことで、のちに君ちゃんの字の認識の変化を知ることになりました。

色々なことを試してみる中で君ちゃんの様子を確認しながら、君ちゃんの楽しみを見つけて行きました。その発見は、君ちゃんの生活の様子や得意なことをきめ細やかに観察することから始まりました。

若山ヘルパーの「繋がりを見つけていくというケア」「関係を作っていくというケア」の実践は、ヘルパー自身も自分のケアを受け入れられたことが実感でき、ヘルパーのやりがいに繋がりました。「ケアをする」という中には、ケアをする人（ヘルパー）自身が「ケアをしてよかった、楽しかった」と思える瞬間、時間、関わりがあるということです。具体的には、若山ヘルパーが提案したカラオケを君ちゃんが受け入れたという喜びが、ヘルパーにも生まれたのです。続いて、くす玉は形になって作り上げることができ、君ちゃんも家族も喜んでくれたと実感ができました。刺し子に至っては、今まで家族が一緒に何かをするということが無かった関係を、一緒に楽しむという関係に変えていきました。ヘルパーと利用者の関係について、利用者ができないことをサポートしていくことがヘルパーの役割だと認識していないでしょうか。

ケアする人も楽しかったから長く続けることができたということは、逆に楽しくないと長くは続けられないということです。若山ヘルパーの実践からは、ヘルパー自身がどのような姿勢で工夫や提案をし、認知症の人とその家族との関係を築いていったのかを学ぶことができます。認知症の人とその家族とヘルパーとが共に楽しむことができるケアこそが、認知症の人の尊厳を守るケアの道筋ではないでしょうか。

認知症の人のケアを考える時、そのアプローチの仕方は今も昔も変わらないのではないかと思います。何かをしないといけない、必要に迫られて訪問するという、介助する側のペースで関わることは、認知症の人の拒否に繋がります。君ちゃんも「ヘルパーです」という姿勢で訪問した人とは、初めからうまくいきませんでした。このピンチについては徘徊のエピソードで詳しく紹介しますが、認知症の人と関わるうえで、「話すこと、その方の生活を理解すること」がとても大事なことです。

介護保険制度だけで、利用者の生活を理解するうえで十分な時間が確保される訳ではありません。認知症のケアについて、認知症の人とその家族が諦めないで過ごしていけるような、ヘルパーのケアのあり方について、充実していけるような提案も必要だと思います。

3　金丸幸ヘルパー：笑顔を引き出し、生活の幅が広がるケア

（1994〜1997年）

金丸ヘルパーは1994年9月に百成ヘルパーからの引き継ぎを受け、2005年8月までの11年5か月間、訪問を行いました。その間の君ちゃんの症状は、物忘れが強くなってきた頃、徘徊行動があった頃、日常生活や動作ができなくなった頃、の3期に分けられるかと思います。

訪問を始めた頃、先生は「この病気は記憶を泥棒に奪われるようなものです。その対応策は進行を遅くすることですよ」と話されていました。それには、君ちゃんの日常生活の不安を取り除き、安心していただけるようケアすることだと考えました。そして、先生がいつもヘルパーに対して希望されていたことは、「君子の意向に沿って付き合ってほしい、残存機能を引き出してほしい、感性を高めてほしい」の三つでした。

認知症の人のケア経験が少なく、事業所からのアドバイスも殆どない中で、手探り状態でのケアが始まります。君ちゃんや家族の希望に沿うようにケアをしていくにはどうしたらよいのか、百成ヘルパーや若山ヘルパーとはまた違った関わりが始まります。金丸ヘルパーの訪問の中でも、君ちゃんに元気を運び、たくさんの笑顔が生まれました。

長期にわたる訪問の中には多くのエピソードがありますが、うまくいったことばかりではありません。今日はうまくいったけれど、次はうまくいかないというピンチが、何度も訪れます。11年5か月の訪問の中で生まれた、生き生きエピソードから、ことごとく失敗してピンチが連続し、それをチャンスに変えてケアを切り拓いていったエピソードを紹介します。

（1）君ちゃんと信頼関係で繋がるまで

【金丸ヘルパーの言葉】

① 第一印象、君ちゃんの豊かな感性

私が初めて君ちゃんとお会いしたのは、百成ヘルパーとの引継ぎの時です。初めは三人で唱歌を歌ったり、買物や散歩に同行させていただきました。活動内容は週に1回、午後の4時間、先生が仕事に出かけて戻って来られるまでの間、見守りと家事全般を君ちゃんと共に行うことでした。

その間に感じたことは、機能の衰えは急激ではありませんでしたが、徐々に変化が出ていました。訪問当時、君ちゃんは68歳、視力は歌詞を読まれたり、針仕事をされたりできる状態でした。右目は白内障＊と診断されていました。聴力は話しかけに対する反応もよく正常でした。会話は、話しかけには「はい」「そうですか」と返事されていましたが、君ちゃんから話しかけられることはありませんでした。また、おうむ返しに言われることもありました。雰囲気の良い時は、言葉にならない言葉で笑いながらおしゃべりされていました。「きれいですね」「かわいいですね」「うれしい」など、瞬間の感動の言葉はその都度話されていました。

② 君ちゃんとヘルパーが「信頼関係」で繋がる

訪問時、私がお客様になって、エプロンをつけずに「こんにちは、お邪魔します」と挨拶すると、君ちゃんは「まぁ」と嬉しそうな顔をされ、手をとって出迎えて下さり、お茶を一緒にいただきました。

また、挨拶をしてもうつむいたまま座っておられるような時は、正面に座らずそっと横に座らせていただき、声かけしながらお茶を飲んでいる間に気分がほぐれるようでした。君ちゃんは何事も自ら進んでするということはなく、「これを一緒にしましょう」と声かけすると「はい」「そうですか」と素直に返事をして下さり、一緒に何かをするという具合でした。その日の手順は、君ちゃんの様子を見てそれに合わせてやっていました。気分が沈みがちな時は、トイレなのか、疲れているのか、放っておいた方がよいのか、しばらく様子を見ていました。

ところが、信頼関係が崩れていくピンチが訪れます。最初は「お客さん」を出迎えるということでうまく繋がっていたのですが、やがてお客さんやヘルパーがわからなくなります。君ちゃんとどのように繋がっていったらよいのか、これまで喜んで迎えてくれていた関係から「心の糸が切れてしまう」瞬間でした。

③ 君ちゃんの不安な思いに共感

君ちゃんが唯一、繰り返し口にされる言葉がありました。それは「お父さんは?」という言葉でした。「お父さんは診療所で患者さんを診ておられるので、終わったらすぐ帰って来られるから、もう少し一緒に待っていましょうね」と言うと、「はい」と素直に答えられますが、すぐにまた「お父さんは?」と口にされました。ご夫婦仲が良いようにも、本当は寂しい思いをされていたのかなぁと思ったりもしました。

先生がお出かけされる時、君ちゃんの肩を軽くたたかれ、「行って来るからな」と優しく声をかけられると、はにかんだ様子で下を向いて「うふふ」と含み笑いをされ、とても可愛らしい仕草をされていました。ぼんやりして返事をされない時は、私が君ちゃんの膝を軽くたたきながら「いってらっしゃい」と言うと、君ちゃんもおうむ返しに「いってらっしゃい」と言われました。そして夕方になり、先生が「ただいま」と帰ってこられると、子どもがお留守番をして待っていたかのように、ちらっと見られ、笑顔で言葉にならない言葉でおしゃべりされていました。

一年くらい経った頃、「お父さんは?」と言われない日も出てきました。そんな時の君ちゃんは、よく鼻歌が出ておられる時で、気分がよい様子で、君ちゃん自身の楽しみに浸っておられるようでした。

(2) お茶・お花・お習字…君ちゃんの好きなものを見つける

【金丸ヘルパーの言葉】

① 君ちゃんの趣味と暮らしに触れる

ある日、抹茶の缶を見つけました。床の間にはお茶道具がありました。先生に「お抹茶をいただかれるのですか」と聞いたところ、最近はそんなことはないとのことでした。娘さんにお願いしてお茶道具を出してもらい、君ちゃんの横に座って茶筅を少し動かし、「どう?」と茶筅を手渡したところ、私よりもはるかに手さばきが上手で、思わず「上手、上手」と言いました。抹茶をいただくときのお茶碗の扱い方もしなやかで、お菓子をいただくときの黒文字も見事に使われました。それで、見守りの時間の楽しみの一つに加えました。君ちゃんが元気な頃、抹茶はお正月に家族で楽しまれていたそうです。

お習字は、硯を見つけて墨汁を少し入れ、君ちゃんの隣に座って墨をすり始め、「どう?」と声をかけると、手慣れた様子で墨をすられました。半紙もあったので、まず名前を書いてもらいました。これは誰と聞くと含み笑いをされ「私」と答えられました。先生の名前も何度も書かれました。その後、だんだん文字がバラバラになっていき、お習字には興味を示されなくなりました。

君ちゃんと何かをする時、「どう?」と声をかけると、君ちゃんは興味のあること、楽しいことはすーっと手が出てきますが、嫌なことはその場から離れていかれます。それで、好きなこと嫌なことははっきりわかりました。

② 退屈しない(させない)ケアの発見、君ちゃんの好きなものを見つける

先生が病院に行かれる時の見守りということでの訪問でしたが、先生が出かけられる際の引継ぎがうまくいかなくなりました。時には、先生の車の助手席に先に乗り込み、降りられずに近所を一周してもらったこともあります。それで、君ちゃんが何かに集中しておられる時に出かけてもらうようにしました。

君ちゃんが「きれい」「かわいい」という感情を表現されていたことから、意識して花を話題にし

ました。また、自宅近くの保育園の前を通る時、子供たちの姿を見て嬉しそうにされるのを見て、情緒が安定されている状態に接することができました。

自宅で子供番組を見ている時に、テレビの中の子供に一生懸命に返事をしたり、話しかけたりされます。まるでテレビの中に入り込んでいるようで、「そうそう」「わかりました」「危ないよ」と、相槌を打ったり語りかけられたりと楽しそうで、ずっと笑顔で過ごせました。これなら、自宅でも楽しく過ごせると、君ちゃんの子供好きの大発見でした。その姿を見て私も楽しくなり、早速、ご家族に君ちゃんの好きな子供番組のビデオを準備してもらうようお願いしました。テレビの子供番組やビデオは、君ちゃんの楽しみの一つになり、他のヘルパーも君ちゃんと一緒に楽しめる遊びになりました。これは、数年は活用することができました。

（3）主婦として、妻として、「君ちゃんが主人公」

【金丸ヘルパーの言葉】

①買い物（1994〜1997年）

買物は歩いて15分の所にあった〈いおり〉に行きました。途中、道端の草花に目を止めて「きれいですね」と言ったり、小さなお子さんに会うと、かわいくてたまらないという表情をされていました。天気の良い日はしっかりとした足取りでしたが、小雨や曇りの日は何事にも消極的で、話しかけの反応も少なく、立ち止まって「お父さんは？」の問いかけを繰り返され、寂しそうなご様子でした。そんな時は、君ちゃんの好きな〈茶摘み歌〉を歌いながら気を紛らわしていただきました。「夏も近づく八十八夜、トントン」と歌いながら手合わせし、テンポを速くしたり遅くしたりすると声を出して笑われ、とても楽しそうでした。

ある時、君ちゃんに財布を渡し「４００円お願いします」と言ったところ、財布からお金を全部出され、お勘定ができませんでした。その後のお店での支払いは、お金を手に渡してレジで支払ってもらうようにしました。よく家で小銭をテーブルに並べて計算遊びもしましたが、あまり興味を示されませんでした。

１９９５年は、買物中に新たな変化が見られました。かごの中に人参ばかり次から次へと入れられ「沢山入りましたよ」と言うと「はい」と言われながら、また人参をかごに入れられました。

１９９７年に新たなピンチが訪れます。買い物道中でいつも通っていた角を曲がると、方向がわからなくなり、お店には行けなくなりました。お店と反対方向に行かれ、買い物から散歩に変更することもありました。買い物に行く時にはバスを利用していましたが、バスに乗れなくなるというピンチもありました。バスに乗ろうとすると、乗車口の前で足踏みばかりされ、ステップに足が乗せられません。１台見送りましたが、次のバスでも同じ事をされ、３台目でようやく足をステップに乗せられ無事に帰ってこられたということもありました。また、買い物に行こうと財布を探すといつものところにはないことがあり、仏様のところに置いてあったり、座布団の下に置いてあることもありました。徘徊が多くなり、買物の途中でも買物に来たことを忘れ、徘徊になってしまいました。徘徊のパターンは、買物や散歩の途中から起こり、急に歩き出されることがありました。買物に行くのが難しくなってきたので、生協の個別配達を利用されるようになりました。買い物に行けなくなるというピンチを、買い物に行かねばならないということではなく、君ちゃんと一緒に歩くということをチャンスと捉えて「散歩」に変えました。また、買い物の方法を検討できたのも、買い物ができなくなってきたというピンチがあったからです。

急に起こる徘徊は大変でした。信号が理解できずに赤信号なのに道を渡られたことや、車道を歩かれること、他の人の車に乗り込まれることなどがありました。ヘルパー一人では安全に介助できないことがある、危険なことがあると思いました。君ちゃんの安全が守れないのは、ヘルパーとして最大のピンチでした。どうしたら君ちゃんの安全が守れるかを考え、事務所にヘルパーの二人派遣をお願いしましたが、前例がないという理由でなかなか実現しませんでした。でも諦めてはいけないと何度も事務所にはお願いしました。5か月後にやっと二人派遣は実現しましたが、その頃には徘徊は落ち着きかけていました。

②掃除

君ちゃんは、お掃除もお好きで、庭掃きや草引きは辛抱強くされていました。掃除機はスイッチを入れて手渡すと、同じ所ばかりをかけられていましたが、雑巾絞りはお上手でした。

身体で憶えておられることは無意識に動作に出ていましたが、一緒に掃除をすることができない日も出てきました。それはどんな時かというと、声かけしても気分が乗られない時、掃除機の音を怖がられるようになってきた時、ヘルパーとの関わりの中で「疎外感」を感じられた時です。「疎外感」とは、一緒に掃除をしているつもりでも、ヘルパーのペースで君ちゃんに指示するような働きかけでは、掃除をしようという気分にはならないということです。君ちゃんと一緒にするということは、単に作業を一緒にするということではなく、君ちゃんのペースや気持ちに沿って、寄り添っていくことだと思いました。ヘルパーが掃除に集中してしまうと、君ちゃんはスーッとどこかへ行ってしまわれました。

これは、君ちゃんの居場所がそこには無くなったり、そこにいても楽しくないから、逃げていってしまわれたのだと思います。君ちゃんは楽しい時は情緒は安定し、身体で憶えていることはできるのですが、情緒が不安定になると君ちゃんの居場所はなくなり、これが徘徊に繋がっていったと思います。

③洗濯

1995年には電気洗濯機は使えなくなりました。たらいを使って手洗いの洗濯はできました。全自動の洗濯機を使うことは、先生の洗濯の負担を軽くしましたが、君ちゃんの役割を奪うことでもありました。また、洗濯物の取り入れは、干した物を部屋までスムーズに取り入れられる時と、勝手口でじっと佇んだままの時があり、声かけをして一緒に行いました。先生の衣類はおわかりになりませんでしたが、自分のものは「私」と少しわかられるご様子でした。アイロンがけもプロ並みの手際の良さで、側で誰かが見守り、一緒にするとできることがありました。

④調理：季節感・彩り・食欲アップ

台所に立つのはお好きで、じゃが芋や大根の皮むきをされる場合も、包丁を扱われる手つきは上手で危なっかしくはありませんでした。また、ゆがいたほうれん草をまな板に置き、「お願いします」と言うと、手順よくきれいにそろえられ、汁を絞られて、3センチ程に切って下さいました。器は自分では出されませんでしたが、盛り付けはして下さいました。味見をしていただくと、「おいしい」と嬉しそうに笑っておられました。調味料の種類や用途はよくわかっておられませんでした。片づけの食器や鍋やまな板などは、丁寧にきれいに洗いあげられていました。

1996年に新たなピンチです。調理の途中で急に料理を放棄されることがありました。庖丁を上手に使っておられたのですが、まな板の上に庖丁を置いて、さっさと別の部屋に行かれたのです。台所で寂しくなってしまうことの始まりでした。

⑤身の回りのこと

生活面の動作ですが、「お食事しましょうか」と勧めると、お箸やスプーンを持たれました。水分補給は君ちゃんからは要求されませんでしたので、気を付けていました。

排泄は、トイレの前まで誘導すると君ちゃんが中に入られ、下肢衣類の上げ下ろしは君ちゃんがされ、ペーパーや手洗いはヘルパーが声かけするとして下さいました。ヘルパーは扉を少し開けて見守っていました。特に下肢衣類を触ることは恥ずかしがられ、拒まれました。身体を触られることも嫌がられていました。

衣類の着脱は、声かけをして上着を肩にかけると両手を通され、ボタンもはめたり外したりされました。

《先生の言葉》

金丸ヘルパーは、一緒に家事や趣味をする中で、家族が君子にはもうできないと諦め見捨てていた能力を、できる能力として見つけてくれました。ちょっと準備をすることでできることがあることを発見してくれ、君子が嫌がらずに楽しんでできるような、君子との接し方を家族が学びました。

家族が気づくことなくさらりと流して見過ごしてしまうことを、君子のできることとしてどんどん引き出して、訪問中に君子が楽しく過ごしている様子を君子自身から感じ取ることができた時、もう一度一緒にできるのではないかと、家族の希望に繋がりました。家族は君子が子供好きなことはわかっていたけれど、子供の声を聴かせる、子供の姿を見せるというような、君子が喜ぶことはできませんでした。それが、金丸ヘルパーの細やかな観察から気づき、次の発見につながり、子供番組を楽しむということができたのです。私と二人で過ごす時間、雨の日などで君子の気分が沈みがちな時、子供番組には随分助けられました。

(4) 金丸ヘルパーのケアのふりかえり

君ちゃんと家族・ヘルパーが一緒に調理ができていた時はよかったのですが、認知症の病状の進行と共に、買物や料理の放棄というかたちでできないことが増えてきました。すると、家事を先生が全面的にしなければならない環境となり、先生の負担はますます大きくなりました。先生が家事に集中していると、「私帰ります」という挨拶から徘徊が始まりました。少しも目を離すことができない状況になっていったのです。病状の進行とともに次々に訪れるピンチ、困ったことは、認知症の人と家族の誰もが経験する共通の課題であると思います。こうしたピンチを諦めてしまうのではなく、ことごとくチャンスに変えていくという考え方、利用者と向き合う姿勢を、金丸ヘルパーの実践が証明しています。

利用者は、介護者との心のつながりができないとどんどん離れていきます。制度の枠組みのみのケアでは、認知症の人とその家族の在宅生活を支えるということは難しいのです。制度はいつも万全ではありません。いつも利用者目線、利用者本位でよりよい制度に変えていくこと、そして制度が変われば、利用者の生活も変わるということです。

金丸ヘルパーは、いつも君ちゃんの状態を受け入れ、共感し、観察しながら接していた様子がよくわかります。たとえば、君ちゃんが散歩に行く時の配慮も忘れませんでした。自発的に何かをするという状態ではなかった君ちゃん、だけど嫌なことははっきりと意思表示する（反応が悪い）ことをよく観察して、決して押し付けることなく、家事や趣味など次々とできることを発見していきました。

できないことだけを見つけるなら短時間でできますが、できることを見つけて一緒に楽しむ関係を築くことは、君ちゃんのこれまでの生活習慣や得意なこと、興味を示されることなどの観察をしなくてはなりません。それは、共に過ごす時間の中で見つけていけること、君ちゃんとの信頼関係の中から見つけていけることでした。間違ってはいけないのは、君ちゃんは「あれしましょう」と押し付けられることはとても苦手で、そのような関係の時は自宅から出て行ってしまい、徘徊に繋がりました。

いかに自宅で楽しく過ごしていけるか、4時間の間がもつかということが課題でした。金丸ヘルパーは、君ちゃんの暮らしを訪問のたびに観察し、興味を示されること、楽しいと思われることを表情から判断し、嫌そうな顔をされる時はさっと諦め、次のことを提案するようにしました。君ちゃんの中に、この人は嫌なことを無理強いしない人＝心地よい人として印象づけられていったのでしょう。

認知症ケアのモデルは国が作っていくものではなく、利用者やサービスを提供する人（ヘルパー）が作っていくものなのです。金丸ヘルパーの関わりから、認知症の人の自立支援のための見守りの必要性がわかります。また、前例がないからと言って必要なことを諦めないことも大切です。認知症の人の実際のケアモデルを発信していくことが、認知症の人が生き生きと過ごしていける制度に繋がって行くと思います。

認知症が進んでいくと、記憶や言葉を奪われていきますが、心と感性は奪われていないというのは大発見でした。感性を豊かにすることこそが、生活を支える最大のケアだと思います。

金丸ヘルパーが、長期間にわたって続けてこられたのは何なのか、共通するものは何なのでしょうか。ケアというのは、ケアされる人が楽しいだけでは、ケアする人は疲れてしまいます。金丸ヘルパーも、ケアする中でピンチは沢山あっても、やりがいや喜び、生きがいに繋がるようなことがなければ、長続きしなかったと思います。ケアを受ける人とケアをする人との豊かな心のふれあい、交流がもてたことが、ピンチをチャンスに変えていけた秘訣ではないかと思います。

第2章

困ったこと、徘徊と介護拒否

―居心地のよい場所と関係を求めて―

（1996～2010年）

■1996〜1997年■　認知症発症7〜8年目

1996年（発症7年目）以降、君ちゃんは今までできていたことが次々とできなくなり、生活に支障をきたします。交通機関の利用、電話の応対、服薬、金銭管理などの機能が徐々に奪われていったのです。家事全般ができなくなったことで、先生が買い物と食事作りを担当することになり、悲鳴を上げます。何を買ってよいのか分からない、作ってもおいしくできないなど、問題が増え、悩みも深まっていきました。

「その頃の妻は、困ったことに様々な行為で、私の気を引こうとします。私がまな板の上で、野菜をきざんでいる最中に、泥のついたサンダルを持ってきて、まな板の上にのせます。砂や泥でまな板の上は滅茶苦茶です。またある日のこと、私の作った酢の物がやっとできあがり、テーブルの上に置いておきました。それが一寸の隙に、妻にパン粉をかけられ、もう食べられません。すべて一からやり直しです。

こんな時、妻の病気を理解しているつもりの私なのに、心にゆとりをなくし、我慢できなくなって叱責したり注意したりします。しかし、注意や叱責は何回繰り返しても効果がありません。それが分かっているだけに、私にはストレスが溜まっていきます。溜まり過ぎると爆発します。私はストレス解消のために、妻の前でまな板を力いっぱい叩きます。食べられ

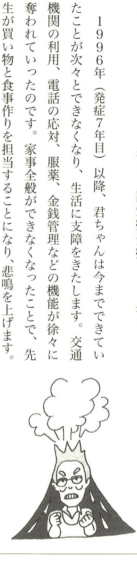

なくなった料理を床に投げつけます。時には、私が死んだふりをして見せます。様々なパフォーマンスを演じます。

しかし、結果はいずれも空しく終わります。逆効果となって、妻が家に居づらくなるきっかけとなり、徘徊します。徘徊すれば、私が付いて行くことになります。床に散らばった料理の後片付けも私の仕事です。常識を逸脱した異常行動を受容できるまでには、かなりの時間が必要でした」（谷口先生）

先生によると、1997年には126回もの徘徊が起こり、その都度同行したそうです。当時は、1日のうち7、8割は〝上手くいっている時間帯〟、残りの2、3割は〝心の糸が切れた状態〟で、両者を比較すると、徘徊が起こるのは君ちゃんを一人にさせてしまった時が多いことが判明しました。たいていは早朝、先生が朝ご飯の支度をしている時、一人になった君ちゃんが「帰ります」「迎えに来ましたので、出かけてきます」と言って外に出てしまいました。しかし家を出て10分前後で徘徊していることを忘れるため、慌てて追いかけて来た先生と共に近くの宝ケ池公園を散歩して帰るのがお決まりコースとなりました。君ちゃんは、認知症中期にあたる多動錯乱期に入っていたのです。

日時、場所、人の認識ができなくなる見当識障害によって、不安と混乱から徘徊が頻発します。幻覚やせん妄＊の症状が出て、わけのわからないことを言うようになり、介護者は対応に

苦慮します。先生とも〝心の糸が切れてしまう〟ことがしばしば、喜んで迎え入れていたヘルパーさんも拒否するようになりました。

そして、ある日を境に君ちゃんは先生のことを、親を慕うように「お父さん」と呼び始めます。二人の関係は「配偶者」ではなく〝父親と子供〟という関係に変化し、先生は父親を演じることで、君ちゃんとの心のつながりが保たれたのでした。これをきっかけに、ヘルパーもお芝居の要領で、子供の頃のお友達のように「君ちゃん」と呼んで接すれば介護拒否が減るのではというアイデアが生まれました。本来なら、ヘルパーはご利用者さんに向って「〜ちゃん」と呼ぶような子ども扱いをしてはいけません。君ちゃんも「君子さん」と呼ぶのが通例ですが、このようないきさつにより、ヘルパーの間では「君子さん」ではなく「君ちゃん」と愛称で呼ぶようになったのです。また、ヘルパー二人体制も実現して見守りがしやすくなり、結果的に徘徊を減らすことができました。

次に紹介するのは、徘徊について3人のヘルパーの体験のエピソードです。徘徊エピソードの中で、認知症の人の徘徊はどうして起こるのか、どうしたら徘徊はなくなるのか、徘徊が起こったらどのように対応したらよいのかを、それぞれのヘルパーのエピソードから発見したいと思います。

1　中村文恵ヘルパー：心の糸が切れる―ピンチの連続

（1996〜1998年）

私が担当させて頂いた頃は、ちょうど地下鉄の国際会館駅ができる頃で、大掛かりな工事がされていました。徘徊に出られた時に、平安幼稚園の所からずっと行ってしまわれ、工事車両や市バスが走る中、赤信号であろうが思い込まれるとパッと行かれるので、警備員の方が笛を吹きまくって一斉に皆が止まり、君ちゃんと二人抱き合って立ちすくんだことが何度かありました。

その時は、不安や大変さより怖さが先に立って必死で家に帰ってきたのを憶えております。幸い怪我も事故もありませんでしたが、とりあえず行かれる所をひたすら付いて歩くのが私の役目だと思っていました。

徘徊が起こるきっかけが分かればよかったのですが、例えば「洗濯物を取り入れましょうか」と言ってふと見ると、もう家から出て行こうとされているという状況でした。そうなると、もう止めることはできませんでした。手でもつなげれば上手く誘導できたかもしれませんが、君ちゃんは身体に触れられることを拒否されたので、私は全く触れることができませんでした。出て行かれたら、怪我や事故に遭わないよう注意し、声かけもしますが、こうと思われたら止められないという感じなので、ヘルパーはくたびれても付いて行かねばなりませんでした。

また、訪問するなり君ちゃんが先生の車に乗り込んでしまい、一緒に病院まで行って、医局で君ちゃんと過ごしたこともありました。そこで慣れた看護師さんが来られ、時間内ではありましたが「もう帰ったらよい」と言われた時は、何のためにヘルパーをしているのか、何のために君ちゃんの所に来ているのか、とても情けない思いをしました。

そうした時は、私が訪問していいのかどうか、事務所に相談させて頂いたことがあります。私より前にはかなり短期間でヘルパーが交代していましたので、できることなら続けさせてほしいという気持ちはありました。

また、お手洗いもなかなか行って下さらなかったので、子供のトイレトレーニングをするような形で「君ちゃん、一緒におしっこ行こうか？」と言ってトイレに一緒に入り、「ズボンをずらして……」「便座に座って……」という感じでさせて頂き、出た時は「出た、出た」と一緒に手を叩いて喜ぶというような接し方でした。

食べたり飲んだりすることも、目の前に飲み物があってもお分かりにならないので、「ゴックンしよな」と声かけしてお茶を一緒に飲むなど、事あるごとに声かけして一緒にやっていました。

君ちゃんは刺し子や習字などを好まれると聞いていましたが、私が担当させて頂いた頃は、そういうものは全てアウトでした。ただ唯一、歌は一緒に歌いました。鈴やカスタネットを用いて、楽しく賑やかに歌うようにしました。しかし黄昏れてくると、落着きがなくなられ、「外に男の人がいる」と不安そうにされていました。

2　金丸幸ヘルパー：君ちゃんの気持ちになってみる
（１９９４～２００２年）

１９９７年頃から徘徊がひどくなり、一緒に買物に行けなくなります。私の時の徘徊パターンは、買物や散歩の途中からが多く、急にすうっと歩き出すというのが多かったです。

大変だったことは、赤信号なのに渡られるとか、車道を歩かれるとか、先生の白い自動車と間違えて他人の車に乗り込んでしまわれるとかいったことでした。声をかけても耳に入らないようで、クラクションが鳴り響く中、君ちゃんを抱えるようにして命がけで赤信号を渡ったこともあります。

どうしてこのような行動が起きるのかを考えてみると、私たちは普通〝赤信号は危ないから渡らない〟〝車道は危ないから歩かない〟〝他人の車は迷惑をかけるから乗らない〟のですが、君ちゃんは〝行きたいから渡る〟〝行きたいから車道に出る〟、白い車は先生の車と同じ色なので〝乗りたいから乗る〟と、一瞬の思いで行動されるのではないかと考えました。そして、その君ちゃんの思いに付き合ってみようと、一心に歩かれる時は後ろから様子を見ながら付いて行きました。危ないと思う時は君ちゃんの横に行くのですが、もともと腕組みをしたり衣類を持ったりすると気持ちを昂らせ、かえって抵抗されるので、できるだけ見守るようにしていました。

君ちゃんとの距離を縮めたり広げたりしながら、そろそろ家に帰ってもらおうと思う時には、反対の方向から「あら奥さんこんにちは」「ほら、あそこに照太君や伸子さんが来てはるよ」などと声をかけ、君ちゃんが我に返るよう試み、家の方向に導くようにしていました。はじめ、君ちゃんの一瞬の閃きが理解できなかった時はただただ大変だと思っていたのですが、こういう具合に思ったらいいのだと考えられると、少し気が楽になりました。

その後、ともかく君ちゃんに怪我をさせてはいけないと思って事務所に二人介助を頼みましたが、前例がなくなかなか実現しませんでした。5か月後に実現しましたが、その頃は落ち着きかけていました。

3 中山美智子ヘルパー：ヘルパー二人体制へ（1999年）

最初に君ちゃんと接する時に、先生から「ヘルパーとしてではなく、幼児の頃の親しい友達のように、幼稚園児のように接してほしい」と言われました。ヘルパーとしてまだ間がなく、認知症の方とどのように接していいのかとても不安でした。当時はヘルパー二人体制でしたので、初めに私が来て掃除などの生活支援をし、君ちゃんは長椅子に座ってそれを見ておられ、声かけしながらするような状況でした。当初は家の中をうろうろされていましたので、見守りながら掃除をする時もありました。

先生が「君子は心を許した人の言うことはよく聞くのだよ」とおっしゃられていたことは、結構プレッシャーになっていました。けれども君ちゃんと接する時は、それがよかったかどうかは別として、認知症の人と意識せず、普通の人とお話しするように接していました。

活動初日は相談員さんが同行しましたが、具体的に接し方を教えて頂いた訳ではありません。ただ、前半の数時間は一人でしたが、途中から金丸ヘルパーと一緒に活動させて頂けたので、具体的な接し方を参考にすることができました。二人で活動する時間には、君ちゃんがその間にトイレに行けない時は散歩に行っていました。外出する時は、当初は勝手口から、後にリビングのテラスから出て行きました。どちらも段差がありましたので、転ばれないか心配していました。一人が先に出て君ちゃんがバランスを崩さないように気を付け、もう一人が後ろから君ちゃんを誘導していくようにしていました。君ちゃんは身体を触られるのを嫌がられましたので、散歩中は両側をヘルパーが歩くようにして、お話ししながら君ちゃんが行かれる所に付いて行きました。帰宅時もすんなり家に入られない時には、もう一度家の近くを回って帰って来るようにしていました。

一人でのケアになってからはあまり散歩にもいけず、家の周りをグルグル回っていました。あまり支えすぎると立たれなくなるので、転ばないよう注意しながら歩くのが少し不安でした。また、一度座り込んでしまわれた時は、立っていただくのが大変でした。

よく〈森のくまさん〉などの唱歌を歌いながら歩いていました。あと、散歩の時ではありませんが、畠山みどりさんの〈恋は神代の昔から〉が聞こえるとハッと反応されていました。

4　中林喜代子ヘルパー：心地よい関係から徘徊がなくなる

（1996〜1997年）

私は、中村文恵ヘルパーからの交代で訪問することになりました。君ちゃんを全然知らない私が一人で訪問するのは難しいと考え、先輩の若山ヘルパーと一緒に訪問しました。最初に二人で訪問できたことは、私にとっても君ちゃんにとっても安心感があり、よかったと思います。君ちゃんは私に対して「知りません」とそっぽを向かれることもありましたが、買物に行く時など、君ちゃんと若山ヘルパーが仲良く歩かれている前を私が歩くようにして、君ちゃんを導くような形にしていました。道中、「君ちゃん、カラスがいるなぁ」と〈カラスの歌〉を歌ったりすると、君ちゃんはそれに上手く付いてきて下さり、買物へスムーズに行くことができました。

三人並んで歩くと君ちゃんが嫌がられるような気がしたので、私が一歩前を歩いて「こっち、こっち」という感じでお買物に行きました。偶然とは思いますが、徘徊は私の時はありませんでした。この態勢で買物に行くと、路上に飛び出されることもありませんでした。それから「君子さん」とお呼びするとそっぽを向かれ、今ひとつ反応が良くありませんでした。そこで先生と相談して、お芝居の要領で、ヘルパーとしてではなくお友達として家に寄せて頂くのだと思うようにし、「君ちゃん、こんにちは」と挨拶すると、私の知っている人だという感じで受け取ってもらったような思いがありました。

また「何か君子にしてもらえることはないですか？」と先生から言われ、編み物をなさっていたと聞いていたので、たどたどしく目を作り何段か編んで君ちゃんに手渡すと、サッサととても上手に編んでいかれました。上手くされると、子供扱いをしてはいけないのですが、子供を褒めるような感じで「うあー、上手やなあ」などと声をかけたりしました。

■1998〜2002年■　認知症発症9〜13年目

君ちゃんと先生は4歳児と父親の関係、ヘルパーと君ちゃんは幼馴染の関係や優しいお母さんとの関係と、心の糸を残された感性で繋がり、君ちゃんが安心して過ごせる居場所の確保ができ、以後「徘徊・介護抵抗」も無くなり、しばらくは安全で平穏な生活が続きました。

ところが、認知症発症から12年を経過した2000年のことです。新たなピンチが訪れます。認知症発症から10年以上経過し症状が進行すると、習慣としてできていた身の回りの動作を次々に忘れていき、自分で食べることもできなくなり食事介助が必要となりました。2000年11月には夜間せん妄と昼夜逆転が始まり、意思疎通もうまくいかなくなります。布団の中で横になって寝ることが分からず、ソファで寝ることが増えました。君ちゃんはソファで寝ていることを忘れて、ソファから落ちるということも起こりました。また、布団の上に座り、横になれずに敷布や掛け布団を畳む動作を繰り返します。身体を横に寝させようとすると、立ち上がって部屋の中を歩き続けます。何時間も歩くこともしばしばで、あげくに歩いている最中にぱたっと倒れてその場で寝てしまうこともありました。そして一旦寝てしまうと、今度は起きることができなくなります。

このような夜間せん妄によって君ちゃんの生活は昼夜逆転し、先生はストレスで喘息を起こして満足なケアができなくなります。君ちゃんは生活リズムのずれから食事時間もずれ、食事を十分摂ることができなくなりました。体重は7・8キロ減り、2001年8月には水分が摂れずに脱水症状＊となり、あわや寝たきりかというところまで追いつめられてしまいました。

このような状態で、もう君ちゃんを外に連れ出すことを諦め、いよいよ在宅介護も終わりに近づいてきたかと諦めかけていました。２００２年の春、先生が、初夢で君ちゃんと一緒に花見をする夢を見たこともあって、「冥土のみやげ」に植物園の桜を見せたいと思い、それをヘルパーに伝えました。ヘルパーは相談員に伝え、相談員はケアマネジャーに相談しました（この内容は１１５ページ）。

第3章

排泄にかかわる様々な問題

―排泄を楽しむケアへ―

（1994～2006年）

■1994～1998年■　認知症発症から5～9年目

徘徊の頻発と時を同じくして、排泄でも困ったことが起こり始めます。この時期は人・場所・日時がわからなくなる見当識障害をはじめ、様々な機能が奪われていきますが、排泄も例外ではありませんでした。記憶が奪われていくと生活機能も奪われていきます。特に排泄に関わる問題行動に驚かされ、惑わされ、苦しめられます。トイレに入っても何をする場所か分からない、排泄の仕方が分からない……。そんな混乱から起こる異常行為、清潔感が分からなくなってしまうのです。

記憶が奪われ、生活機能が奪われて10年目の頃（1998年）、君ちゃんの大便と小便の処理は先生の日課となりました。君ちゃんは深夜の1時半頃「お父さん」と起こします。トイレまで誘導し、用便が済めばお尻の清拭は「父親役」の先生の役割になりました。清拭を済ませると、「ありがとう」「すみません」と気遣いします。午前4時半、7時にも同じ行為を繰り返していました。

「ある日のこと、私は庭を眺めていました。丁度その時、妻が楓の木陰にしゃがみ、お尻をまくっています。びっくりしました。覚悟はしていましたが、ついに水洗便所が記憶から奪わ

れてしまった行為の始まりでした。ショックでした。それからは、表の公園の草むら、家の軒下、お風呂の洗い場、夜間は部屋の隅などが放便、放尿の場所になっていきました」（谷口先生）

このように、トイレで用を足すことが徐々に難しくなっていったのです。トイレの記憶が奪われたことから、ヘルパーの排泄介助にもピンチが訪れます。見守りをしている時間に排泄介助をしようとしてもうまくいかないことが多くなります。まずは「トイレ誘導」について当時の様子を振り返ってみます。

1 金丸幸ヘルパー：排泄誘導、トイレ誘導（1994〜2004年）

訪問初期の頃（1994年）は、君ちゃんはトイレのドアの中まで入って行かれましたので、ズボンや下着を下ろすのを手伝っていましたが、嫌がって抵抗される時もありました。トイレ誘導のタイミングは、私の孫や子供の小さかった頃を見ていると、身震いするなどで行きたくなっているのが何となくわかります。君ちゃんの場合も、出ない時は抵抗されますが、気配を察して何回か誘導していました。後始末は、トイレットペーパーを用意しておいて、目に入るように見せている時に、自分でうまく取って拭かれる時と、そうでない時がありました。時には、トイレの前まで行くのですが中になかなか入れず、室内をうろうろされ、部屋の隅で失禁されることもありました。

また、あるとき訪問時より何となくお元気がなく心配していました。掃除をしていても気乗りされず、胃の辺りを押さえられ、「痛いのですか?」とお尋ねすると、「少し痛い」と言われ、心配しました。排泄時は言葉に出されませんでしたので、トイレに誘導し、1回目はすっきりされない様子だったため、もう一度行って頂き、ドアの隙間から様子を見ると、便が出たようでした。その後胃の辺りを押さえられることもなく安心しました。お腹が痛く便意を催されていたようでした。

（※1996年に君ちゃんは便秘による腸閉塞を起こしています。食べる機能を奪われつつあり、自分から食べること飲むことを要求しなくなって、ひどい便秘が起こるなど、体調にも影響が出始めます）

この頃、食事が進まないようなので工夫しなければと考えました。排泄回数を連絡ノートに記入することも始めました。また、ある日トイレ誘導したあと、大便は出てよかったのですが、水を流すことが分からず、とても悩まれている様子でしたので、水洗レバーを教えると安心されました。

1997年は便の量はかなりあり、パンツの履き替えや3枚パンツを重ねて履く工夫をしていました。パンツを自分で下ろすことができていた頃から、パンツを下ろさない、下ろすことが理解できない状況へと変化し、排泄介助はパンツを下ろすことの説明、説得から始まります。ヘルパーが勝手にパンツを下ろそうと身体に触れようとするとものすごく嫌が

られましたし、怒られ拒否されました。

1998年以降はだんだん意欲が低下してこられ、おやつの時間でも今までお菓子を食べていたのが、ただお菓子をいじくり回すだけで、口に入れる動作が時々止まってしまい、「お菓子食べないの?」と言って口の辺りにお菓子を持っていくと口を開けて食べられるようなことが出てきました。

排泄誘導も、庭で色々話しながら遊んでいて、トイレに誘うと沢山の排尿があり、うまくいくこともありましたが、うまくいかなくなると拒否が増えていきました。トイレの前までは行けてもなかなか中まで入ってもらえなくなったり、便座は座る所だということがわからないようになっていきました。また、トイレに行かれなくて、臭いがある時はわかるのですが、ウロウロされてわからない時は、床などが汚れているのを見つけてわかるという状況でした。そんな時も直ぐにトイレに誘導してもうまくいかず、少し時間を置いて、気分転換をしたところで、もう一度トイレに誘導するというふうに工夫していました。

ある日のこと、パンツに便がついていたので、着替えてもらおうと長パンツを取りに行っている間に、汚れたパンツが2枚無くなってしまいました。どこを探しても見当りません。汚れたパンツをトイレに流してしまわれたのです。汚れたパンツを何処かに隠してしまわれることもありました。恥かしいという気持ちが強かったと思います。この頃パンツがよくなくなり、常に10枚は新しいパンツを娘さんが用意されました。トイレが詰ったことも何度かありました。

先生にポータブルトイレをお願いしたこともありましたが、まだ残存機能を引き出したいとのことで、トイレ誘導を続けることにしました。便が出てしまった時は先生と浴室に誘導し、下肢衣類を脱がせ、シャワーできれいにし、着替えてもらいました。

発病10年目（1998年9月頃）から、失禁が増え、この時期から紙パンツをはいて頂きました。普通の下着に生理ナプキンをつけてみたこともありましたが、全然役に立ちませんでした。紙パンツに変えてからは、それまでのような立ち漏れを防ぐことができました。

■1999〜2004年■　認知症発症10〜15年目

1999年8月の朝、先生をびっくりさせた大失禁が起こりました。

朝食のお膳を運ぶ途中に、大変な事態が起こっていました。部屋中に大便と尿が散らばっています。次の部屋も、その次の部屋も同じです。紙パンツの中で失禁したのに、大量だったのです。紙パンツから溢れ、滴り、歩いた後に便と尿が付いています。君ちゃんは椅子に座っていました。先生は風呂場に移動させようとしましたが、動いてくれません。座っている座布団も、はいているズボンも便で汚染されています。大量の失禁介護は、初体験でした。先生一人ではどうしようもありません。ヘルパーに助けを求めました。

大便で汚染された部屋の掃除を済ませやっと片付いたので、事業所に連絡したところ、時間外のヘルパーへの直接の依頼は「規則違反」と大目玉を食らいました。「困った時に助けてもらえる」「大変でしたねと慰めてもらえる」という期待は裏切られてしまいました。当時の在宅介護サービスの厳しい限界を知らされた瞬間でした。事業所には緊急対応できる態勢を作る余裕がないということが後でわかりました。

この大失禁を機に、環境整備を始めました。畳の部屋の上には、もう一枚上敷きを敷きました。部屋の四隅には座布団を置きました。座布団が汚れたら捨てたらいいと思えたのはとても気が楽になりました。また、居間は絨毯を捨て床暖房に替えました。この床暖房は、寒い冬の間は大変有効に活躍してくれました。汚れたものの拭き取りも便利で楽になり、冬場失禁して着替える時も温かく、洗濯物の乾燥にも役立ちました。衣類も肌着、スラックス、ロングパンツなど、すべてすぐ着替えができるもの、洗濯ができるものに取り替え、布団の汚染は覚悟しながらも最小限に食い止めるため、失禁シーツも用意しました。失敗する日もありますが、助けられる日もありました。庭の植木を整理し、洗濯物の物干し場を増やしました。室内にも作りました。お風呂はバリアフリーに改造し、失禁後のシャワー浴をするのに助かりました。失禁失便は繰り返されますが、何とか先生一人でも対応できるようになりました。

このように、１９９９～２００２年にかけては困ったことがどんどん出てきます。排泄介助は最も手がかかり、加えて夜間せん妄で昼夜逆転し、朝・昼ご飯を食べなくなります。水分も摂れなくなっていき、脱水症状に陥ります。先生のストレスもひどくなり、毎晩喘息発作が起きるようになります。そして２０００年、２度目の腸閉塞＊を起こします。やはり宿便＊が原因でした。腸閉塞は対応が遅れると命の危険を伴います。腸閉塞を予防する対策を立てる必要もでてきました。排便管理の記録を残してみんなで管理できる方法を選び、２０００年１月に計量器を購入しオムツ内の失禁量を計測し、その都度みんなが見られるホワイトボードに記録りました。これは誰が見ても排尿排便の様子が一目瞭然でよくわかり、大変有効でした。

しかしながら、便秘はよくならず、水溶性の下剤ラキソベロンを投与し、夜間はオムツをつけることにしました。しかし一晩中オムツをつけっぱなしのため、朝一番の便の総量は約１０００グラムと大量で、オムツかぶれもでき始めました。しかし当時はヘルパーによる夜間のケアがなく、オムツ漬けの状態が２００４年まで続きます。この頃、便は下剤によって出るのを待つ介助でした。下剤の服用により、おなかが痛い、おなかが痛くてウロウロする、ウロウロするとトイレ誘導ができない、君ちゃんが逃げていく、気持ちよくトイレに連れていけないという悪循環でした。

２００２年に排泄アドバイザーの研修会にも参加しました。今のオムツは尿漏れしないように開発されている、尿漏れするのは取り付け方を間違っているからだと言われました。尿漏れ、便漏れが、オムツの取り付け方が悪いと言われたのはショックでした。ヘルパーや看護師に紹介してもらったものを次々に試し、取り付け方も説明書に書いてあるようにしましたが、結果は一長一短で完璧なやり方はありませんでした。

尿漏れは少なくなりましたが便漏れは変わりません。当時訪問してもらっていたヘルパー12名に集まってもらい、尿漏れ、便漏れを少なくするためのカンファレンスを開いてもらいました。ヘルパー一人ひとりの意見（知恵）が寄せられました。便漏れに関して、少しでもオムツ

での含有量を増やそうと、オムツをＭサイズからＬサイズに変えてみようということになり、２か月間試してみました。が、結果はサイズの大きい分だけ返って漏れる量が多くなっていました。またもとのＭサイズに戻すことになりました。

　尿漏れ、便漏れ、オムツの使用量について記録をとることにより、排泄の状況やオムツを試した結果がよくわかりました。様々な工夫をしますが便漏れ、尿漏れは改善することなく２００３年を迎えました。この頃、便漏れはオムツの取り付けが悪いからでな

便漏れ、尿漏れ、オムツ使用量の記録

2006 年度の「ウンコとシッコ」月別の推移（当時の先生のホームページより）

	パット内尿	P/T 内尿	尿の合計	パット内便	P/T 内便	便の合計
1 月	19468	15158	34626	875	3119	3994
2 月	15675	15255	30930	1270	3327	4597
3 月	15835	19690	35525	650	5740	6390
4 月	10420	23205	33625	330	5756	6086
5 月	13830	22495	36325	700	4890	5590
6 月	16335	20215	36550	865	5045	5910
7 月	16290	23980	40270	265	5515	5780

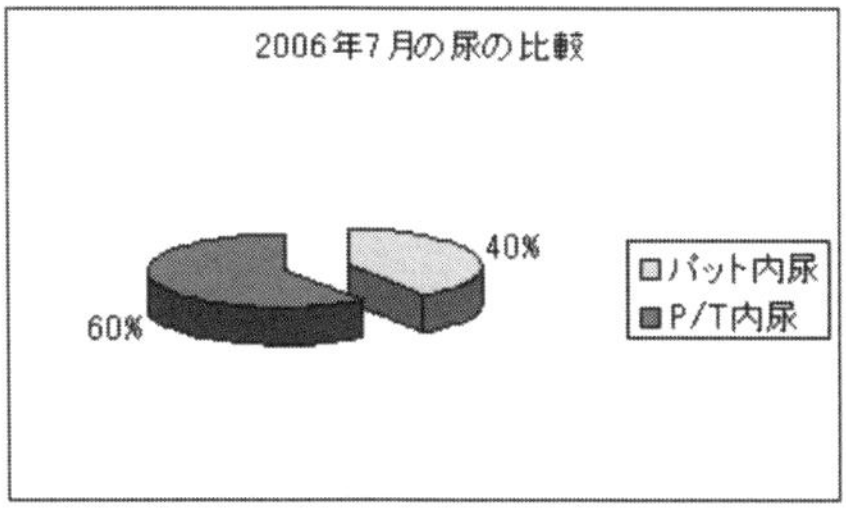

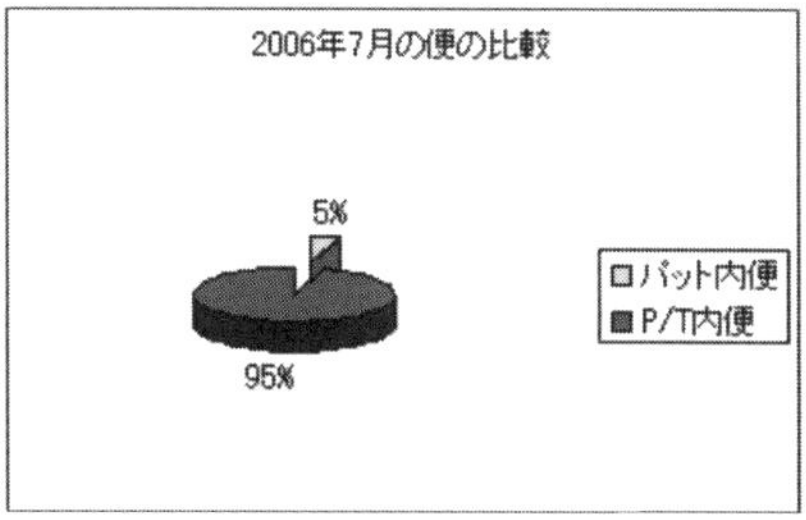

く、食事量を十分に摂ってくれているからだと、一方では諦め一方では感謝をしていました。

【金丸幸ヘルパーの言葉】

1999年の終わり頃から、お庭に出る時にテラスの段差を怖がられるようになり、なかなか足が前に出なくなりました。また、おやつを手に持ってもらってもなかなか口に入れられず、弄ばれることが多くなり、隣に座ってお話をしても興味を示されることが少なくなっていきました。

その頃、先生は「夜間せん妄、昼夜逆転、失禁で大変だ」とよく言われていました。お布団を干され、失禁シーツも使われるようになり、君ちゃんが夜間せん妄後にパタンと倒れられるため、怪我をしないよう板の間や角に座布団を敷かれていました。

2000年の腸閉塞の後は、下剤を服用されるようになったため、水溶便が多くなり、オムツ交換も大変になっていきました。オムツに関しては、昼間はリハパンとパット、夜間はテープ止めのオムツとパットを使用していましたが、漏れをなくすため、先生は色々なオムツやパットを取り寄せられて、試行錯誤されていました。また、オムツの会社に電話をして君ちゃんの状態でのオムツの仕方を問い合わせましたが、寝たきりの人ではないため、なかなか難しいと言われました。徘徊などで動かれるので、隙間ができて漏れていました。当時のオムツは今のようなギャザーがなく、股や背中にパ

ットを幾つも当てるなどの工夫はしてみましたが、どれも完全ではありませんでした。とにかく、当時はいかに漏れを防ぐかが課題で、オムツの当て方を工夫していました。

漏れのひどい時は、私の時は入浴介助ではありませんでしたが、浴室でオムツを外し入浴してもらうこともありました。また、その頃から台所にホワイトボードを置かれて、排尿排便の計量と漏れの有無を記録するようになりました。秤で使用後のオムツを計り、使用前のオムツ量を引いて計測していました。便と尿両方出ている時は、大体の量を記録していました。

君ちゃんは当時、和室で布団を敷いて寝ておられたので、朝のヘルパーさんは起こすのが大変でした。ベッドの使用を提案したのですが、先生は残存機能をなくしたくないという理由で使用されませんでした。ポータブルの使用も提案しましたが、まだこの時期は使用に踏み切られませんでした。

飲まない、食べないということの時期は、昼食を食べなかった時はおやつで補給するようにしていましたし、その時にお茶も飲んでもらうようにしていました。調理に関しては、食材に季節感のあるもの、形のあるもの、柔らかく、喉越しのよいものを作ってほしいと頼まれました。

2 鈴鹿ひろみヘルパー：尿便失禁対応の試行錯誤（1999〜2002年）

1999年頃の君ちゃんは、その日によって波はあるものの、声をかけて促すと掃除機をかけることもできました。言葉も「かわいい、きれい、かわいそう」など、感情の部分はとても沢山残っていて、自分の気持ちをしっかり言っておられました。気分の良い時には昔の話などよくされていました。

また、「お父さん、伸ちゃん（娘さん）」もよく出ていました。排泄に関しては、当時はリハビリパンツの交換は行っていましたが、ズボンを手渡せばご自分ではいてもらえる状態でした。時にはズボンを渡しても、きれいに畳んで置いてしまわれることもありました。

尿失禁や便失禁は、その都度交換をしていましたが、先生がよく気をつかわれていたことは、尿や便の回数が少ないことでした。その回数から、水分や食事の量が摂れていないことを考慮して、食事、水分の摂取方法に工夫が必要となり、ヨーグルトやゼリーを作ったり、氷を口に入れるといったことを始めた時期でした。

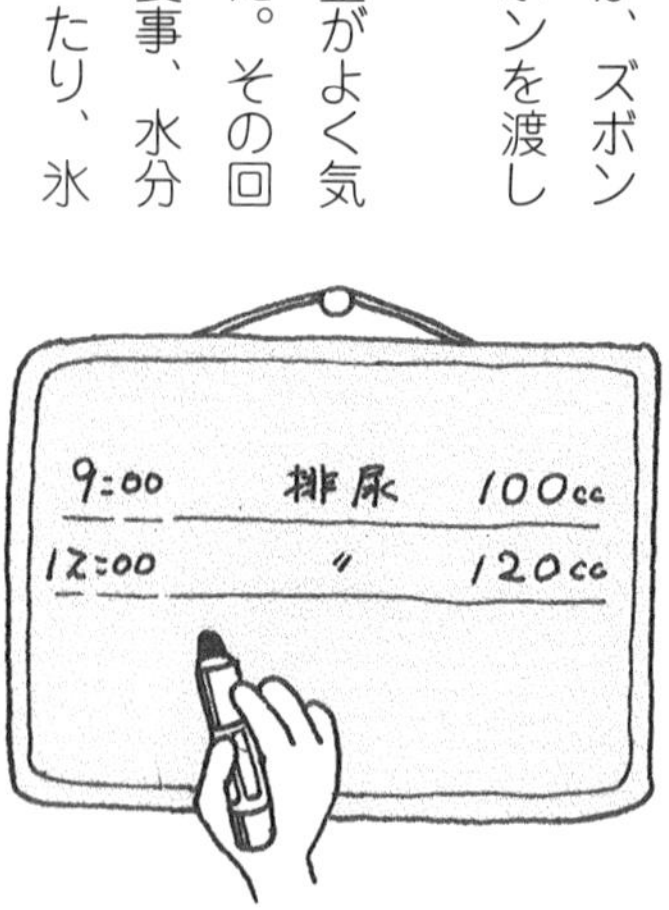

大きく変わってきたのは1年ほど経った頃で、尿便失禁が目に見えて増えてきました。トイレ誘導でもタイミングさえ合えば排泄できたのですが、だんだんその回数も減り、失禁が増えていきました。2000年に腸閉塞を起こされてからは、オムツ交換の度に計量し記録するようになり、排泄量と食事や水分の摂取量の関係をチェックしました。秤で「排泄後のオムツの重さ－使用前のオムツの重さ」を導き出しました。排泄量を記録することで、排泄のリズムがわかるようになりました。新たな発見です。便の様子も観察するようにしました。これらが腸閉塞を予防することに繋がったのです。

また、失禁が増えることで、どうしたら漏れないのか、オムツやパットの当て方はこれで良いのか、どのオムツが良いのか、皆で悩みながら工夫していました。この頃、朝一番のオムツ交換時は先生だけでしたので、大量の失禁による衣服、寝具類の交換と後始末、君ちゃんの清拭などで、大変苦労されていたことと思います。先生のお仕事が減ってからは、オムツ交換を定期的にできるようにしました。土曜日には、私が13時半~15時半、富澤ヘルパーが15~17時までというプランで、最初に私と先生、途中は私と富澤ヘルパー、最後は富澤ヘルパーと先生でオムツ交換ができるようにしました。少なくともヘルパーが入っている間はできるだけ漏れないように、失禁してしまっても不快な状態を短くするよう心がけていたように思います。

3 富澤栄子ヘルパー：便漏れ・尿漏れとの格闘（2000~2003年）

2000~2001年は、会話がなかなかできなくて、一人でお話されることはありましたが、自立性はほとんどなく、こちらから声をかけ、了解を得てケアをしなければならない状況でした。ビデオやテレビ鑑賞はまだできており、音楽も聴いて頂いていました。

その頃は夜間せん妄があり、先生と君ちゃんは寝ておられないことがよくありました。午後に訪問した時に、君ちゃんはソファでよくうとうとされていました。先生の介護負担も大きかったように思います。

オムツに関しては、下剤ラキソベロンを使っていらしたので、軟便*でリハビリパンツではとてももたず、どうすれば漏れないようにできるか研究していました。先生はオムツがどれくらいの量を吸収できるのか、どのように当てれば漏れないかを調べられていました。それほど便失禁は、当時大変な問題でした。便失禁が2回続くこともありました。パットを挟んだり、時には切り込みを入れて下のオムツにも吸収できるようにするなど、工夫しました。

また、床暖房にしたことはとても良かったと思います。どこで失禁されても風邪をひかせる心配なく着替えることができ、安心でした。

2001年には朝7時半に入らせてもらい、失禁がある時は先生と入浴介助をさせてもらっていました。君ちゃんが嫌がらずに入浴できる工夫や福祉用具の利用、また、入浴中の便失禁に対する配慮と後始末に苦慮しました。

当時、昼間のケアは何とかできましたが、夜は先生お一人の介護でとても大変だったと思います。その辺で、もう少し夜間のケアができなかったのかと感じていました。

■2004~2006年■　認知症発症から15~17年目

2004年1月、肛門の周囲やお尻の広範囲に失禁によるオムツかぶれが認められるようになり「24時間オムツ漬け」による弊害が顕在化してきます。とうとうオムツかぶれから出血します。「24時間のオムツ漬け」は良くないことは百も承知でした。しかし、夜間の介護サービスを受けることができない以上、我慢はやむを得ないと覚悟していました。先生はテープ止めオムツに安眠尿パットを重ねたり、一人で取り付けるのが難しくヘルパーに助けてもらったりと、夜間の尿漏れを避けるために工夫を繰り返していました。この頃はまだしっかり歩けたので交換しようとすると拒否され逃げていかれることがあり、一人が前から君ちゃんを抱えてもう一人が交換をするというような工夫もしました。

オムツかぶれの原因は、２００１年から３年以上続けている「24時間オムツ漬け」にありました。しかもオムツの交換は1日平均３回だけでした。事業所のヘルパー業務時間の都合で朝は7時半、最終は午後の5時半で、日曜日だけ6時半でした。介護サービスの関係で、半ば諦めていました。その間は尿量、便量とも多く、尿漏れ、便漏れを少なくする工夫のみに心がけていました。当然のことながら「24時間のオムツ漬け」は大失敗でした。オムツかぶれを避けるためには、オムツ外しをするしか対策が見つかりません。松尾ヘルパーが昼だけオムツ外しをして成功している事例を紹介しましたが、直ちには実践することを躊躇しました。

２００３年にはこのままでは君ちゃんがかわいそうと、松尾ヘルパーに施設入所を勧められました。先生は在宅で施設より優れたケアをしてきたという自負があったので、ショックを受けました。それでもなおなかなか素直になれず、オムツ外しを実践することに躊躇しました。今更実行しても成果があるのか不安でした。また実行しようとすれば事業所の協力が必要になりますが、事業所は業務時間の変更まではしてくれませんし、してくれないと諦めていました。

24時間のオムツ漬けは可哀そうだと再三指摘される中、疑心暗鬼のままで、試行錯誤を開始しました。オムツ交換時に便失禁がない日を選んで、ポータブルトイレに座らせてみました。２００４年3月6日から9回試しました。自然排便7回そのうち1回は２９０グラムを認め、排尿も少量ですが2回ありました。4月は7回試みました。排便6回、排尿はありませんでした。5月に入って排便だけでなく、排尿に関しても「昼間だけでもオムツ外し」を試しました。明るい兆しが見えてきます。1日3回ポータブルで自然排尿があって感激しました。まだ君ちゃんにはポータブルトイレを使用できる機能が残っていたことを改めて認識しました。オムツかぶれを避けるためには、オムツ外しが必要なこと、ポータブルトイレによる排泄機能がまだ残っていること、そのためには介護サービスの協力が欠かせないことをケアマネジャーに説明し、ケアプランの変更をお願いしました。

２００４年の4月、先生は80歳にして仕事を退職されます。しかしその前に、君ちゃんの排泄介助で出るたくさんのオムツゴミをゴミ集積所まで持って行く途中に狭心症の発作を起こしてしまい、介護認定＊を受けることになりました。まさしく老老介護です。

この事もあってか、金丸ヘルパーの提案や、松尾ヘルパーが「いい加減オムツはやめておきましょう」と言ったのを機に、先生はポータブルトイレの使用に踏み切ることにしました。先生にとっては、退職したことにより24時間君ちゃんと一緒にいることが可能となり、排泄の二人介助で誰か一人が来てくれたら排泄介助が可能となるのです。

当初は、娘さんが来ている間だけでも座らせてみようと試み始め、その後、相談員やヘルパーの協力もあり、ポータブルへの挑戦が始まりました。最初3か月はほとんど効果が現れませんでしたが、その後ポータブル内95パーセント、失禁5パーセントの状態にまで排便コントロールは改善します。オムツかぶれも改善して、下剤服用についても、白米を十種雑穀にして1

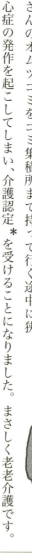

週間に20品の野菜を取り入れる食事メニューに変えたところ、数か月後には強い下剤がいらなくなりました。

4　松尾凱子ヘルパー：オムツ漬けからポータブルへの挑戦（２００１〜２００６年）

２００3年には、君ちゃんはほとんどお話しすることができませんでした。しかし、先生が手をつないで、ヘルパーが後ろから付いて行き、三人で前の公園からスーパー〈ライフ〉辺りまで散歩していました。君ちゃんは、言葉は少なかったのですが、ある時は歌を歌っているかのようにものを言われ、ある時は「お父さん、伸ちゃん（娘さん）」と言われているようにも聞こえていました。それ以外の言葉はほとんどありませんでした。

また、先生が君ちゃんの手を引かれてリビングから出る時は、ご自分の脚力で降りておられました。また、先生が歯磨きをされる時も、手を添えると自分でお座布団の上にきちんと座られました。脚の力は強かったように思います。

ヘルパーの介助で立ったり座ったりもできており、膝と手と足元に注意をして三角に形を保ち、うまく立たせることができました。室内は3〜5周くらい歩かれました。その時も、季節の唱歌を歌いながら歩きました。ソファに座っておられる時は、身体を触られるのがお嫌いとは聞いていたのですが、肩たたきの歌を歌いながら、何気なく肩を触るようにして、スキンシップをとっていました。へルパーが掃除など他の作業をしながら見守る時は、手にお人形や鞠、折り紙、みかんやりんごなどを持ってもらうようにしていました。小さな子供がいつも遊んでいるお人形や毛布、タオルなどを持つと安心するように、君ちゃんにも安心してもらえる物があるのではないかと考え、何か手近な物を持ってもらうようにしました。

富澤ヘルパーから引継いだ先生の言葉は、「残された機能をできるだけ活かしてほしい、じっと見守り、君ちゃんの心に寄り添ってほしい」ということでした。一番難しかったのは、やはり「心に寄り添う介護」ということでした。機能的なことは、先生や先輩のヘルパーさんにお聞きして消化することができましたが、君ちゃんの心を察して寄り添うことは、なかなか大変でした。

2004年以降は、排泄が大変になってきました。失禁が非常に多く、寝ておられても起きてソファに座っておられても失禁があり、その量を計ってホワイトボードに記録するようにしていました。日曜の晩(19時前)にオムツを二重にしていても、月曜の朝に私が来た時には、便500グラム、尿600グラムが出ているような状態でした。入浴介助も毎回していましたが、オムツかぶれがひどく、発赤ができたり褥瘡になる手前の状態もありました。たまに抗菌作用のあるリンデロン(軟膏)を使うこともありましたが、できるだけ自然な状態で治し、皮膚に菌を残さないで湿気を防ぐように心がけていました、看護師さんから臀部に片栗粉をつけて皮膚を乾燥させることも学びました。

オムツを使うようになると、経済的にも大変です。薬局に行ってどんなオムツがあるのか、種類や値段を調べたり、京都のむつき庵(オムツの研究所)に伺い話を聞いた事もありました。

ポータブルに移行してからも、試行錯誤は続きました。排泄介助で分かったことは、残尿があるということです。年齢を重ねると尿を出す付近の筋肉が緩んでいくため、ポータブルに座ろうとした時にすぐ出てしまいます。また、排泄後に立ってパンツをはいた時にも出てしまうことがありました。そのため、洗濯物が増えて大変でしたし、その度に着替える回数も増えて、君ちゃんの負担にもなっていたと思います。

どうしたら残尿や立ち漏れを防ぐことができるだろうかと考えました。お尻の仙骨＊部分のツボをさすったり押したりすることで、残尿を出す事ができました。当時、ポータブルに座っている間は15分間でしたが、その間先生はおしっこの出る工夫もされていました。座っている間にお茶ゼリーをあげることで腸の動きを刺激して排尿を促されていました。松尾ヘルパーの提案で、下用のタオルを3枚用意して対処しました。1枚は、排泄開始時にパンツを下ろした時にタオルを挟んで漏れを受けることにしました。そうすることで、リハビリパンツや衣類が汚れるのを防ぎました。2枚目は、排泄の後に暖かいタオルで臀部や鼠径部＊を拭きます。3枚目は湿気を取るためのからぶき用です。このように色々工夫や試行錯誤をして、2006年にはあまり立ち漏れによる失敗はなくなりました。

5　前川弘子ヘルパー：ポータブルでの排泄介助（2004年）

2004年頃、ポータブルに移行する頃から訪問させて頂きました。30分ほどポータブルに座ってもらうのですが、その前にほとんど出てしまっている状態でした。そこで、陰洗（陰部洗浄）をするかどうかの議論がありました。君ちゃんは肌の弱い方なので、失禁で赤く爛れ出血することもあり、とにかく熱いお湯で拭いて乾燥させるようにしていました。しかし、先生はそのやり方にはとても厳しかったので、最後にはドライヤーで乾かしていた記憶があります。当時は訪問看護も入っておられたので、看護師さんからも指導を受けながらやっていました。この時期は、君ちゃんのケアの基盤作りをしていたように思います。

ポータブルに座る際、当時の君ちゃんにあまり抵抗はみられなかったように思います。尿の排泄は、後にご自分で排泄する力が弱まってこられると、ツボを押して出すようにしていましたが、当時はもっぱら腹圧をかけるために、前に屈んでもらっていました。出た時はとても嬉しかったです。排泄を促すために、お下の所にお湯を当てるとか、マッサージをするとか、できそうなことは色々試してみました。

君ちゃんが水分補給がうまくできなくなってから、「じゃあゼリーがありますよ」と先生に対して軽い気持ちで言ったところ、毎週1時間、ゼリー作りのお手伝いに入らせて頂くことになりました。私の都合で1か月ほどしか続けることができませんでしたが、あずきムース、牛乳寒天ゼリー、たこ焼きなどを作りました。その後は他のヘルパーが引継いで下さり、少しはその道が開かれたのではないかと思います。

6　大坂紀子ヘルパー：排泄のツボ探しと波長合わせ
（2005〜2010年）

（1）試行錯誤と波長合わせ（2005年〜活動初期）

私が活動に入らせて頂いた当初の君ちゃんは、まだお布団で寝ておられ、ご主人の手引きで、ご自分でポータブルまで歩かれていました。水分補給はお茶ゼリーを召し上がっておられました。また、排泄後は室内を歩行されていました。食事は車椅子にテーブルを付けて召し上がられ、入浴は、浴槽に入られる時は自分でまたいで入られていました。

それまで、オムツを使用されている方のケアでは、訪問時にはオムツがボトボトで、衣類やシーツが濡れていることは、珍しいことではありませんでした。冬場など寒い中で身体を拭いて衣類を着替えさせている時に、「ごめんね」と言いながら、なぜもっときめ細かいケアができないのかと思っていました。ところが、こちらでは濡れてから替えるのではなく、頃合いを見計らってポータブルに座ってもらい、なおかつ、排泄を促すケアです。これには驚き感動しました。活動内容は、30分の排泄介助、1時間の入浴介助の引継ぎを受けました。30分の排泄介助では出ない日もあり、出そうという排尿排便の促しをすることが始まりました。のちに「尿のツボ、便のツボ」に繋がっていきます。

先生からは「人のマネだけをしてもだめ、失敗を楽しめるようになりなさい」と言われました。しかし私の場合、30分あたふたと動いてもできていないことが多く、いつも帰り道に、あれをし忘れた、こうすれば良かったと自分の未熟さに落ち込んでいました。

初めは、先生の存在にかなり緊張しました。君ちゃんの体内時計のリズムである1日が24時間20分で動いていくことにもなかなか実感が持てず、先生が話される毎日の様子が一体いつの話なのか分からず、会話をしていてもとんちんかんな返事をしてしまい、先生との距離がなかなか縮まらなかった時もありました。

先生は「お尻だけ見ていてもだめ。顔をよく見なさい」「声は出ないけど、感情は豊か、それを感じ取ってほしい」とよく言われ、排泄のツボ刺激は手探りが続きました。1年半くらいして、小西ヘルパーのケアを見せてもらった時に、ようやくどうするのか分かるような始末でした。

それでも、入浴時のパンツの着脱などでだんだん君ちゃんと息が合うようになると、ご自分で脚を上げて下さるようになり、入浴のケアの度に、再記憶されていることに感動を覚えました。訪問に入った頃は、君ちゃんの表情が乏しくなってきたので、その都度、様子を観察して記録してほしいと言われました。大きな感情表現や言葉はなかったのですが、時々話すような声は出されていました。先生と私の話にタイミングよく頷いたり、声を出されることもありました。3か月くらいすると、訪問時の声かけに身体を起こされようとする動きもありました。また、先生が台所で調理されたりトイレに行かれたりする動きをうかがったり、物音に耳を傾けるような様子もありました。僅かな表情から、君ちゃんの心情を読み取るように努力し、私の言葉で表現するようにしました。

(2) 介護者である先生の状況（2008年～活動中期）

君ちゃんの認知症の進行とともに、ケアは嫌でも大変になっていく中、在宅か施設かピンチが来るたびに選択を迫られました。在宅を選択するということは、24時間365日のケ

アとなるということです。振り返れば、当時は、最期まで在宅を選択したことに対して、一歩間違ったらどうなっていたのかという思いもありました。いつも、十分なサービス体制がない中で、やれるところまでやるという選択であり、結論はありませんでした。「先々のことを考える余裕はなく、一日一日を過ごすということを目標にする」「やれることをやる、できるところからやってみる」「将来を考えると前には進めない」というのが現実でした。

２００８年２月に入院された後、君ちゃんの脚力が低下され、ベッドの使用に踏み切られました。この頃から先生の疲れが目立つようになり、ケアの途中でもうつらうつらされ、横になってしまわれることも出てきました。

夜間にヘルパーがいないため、先生はベッドの上で食事介助をされたり、君ちゃんを起こそうとして転ばれたこともあります。３か月ごとに夜間の活動期になると、夜間に誰も来てくれないという訴えがありました。当時は夜間を担当していた他の訪問介護事業所のヘルパーさんが次第に少なくなったため、２００８年５月頃から、週１回程度、夜間にも来させて頂くようになりました。すると、君ちゃんの様子が昼間と違い、25時間サイクルでずれていくことがわかり、トータルで君ちゃんを看られたことで、先生と話していてもよく理解できるようになり、ケアがしやすくなりました。

２００８年９月に君ちゃんが誤嚥性肺炎で入院されまし

た。この頃から、便待ちの時間などで30分の排泄ケアでは収まらなくなってきたため、1時間の排泄ケア、1時間の入浴ケアが認められました。また、君ちゃんは心臓機能の低下から、利尿剤＊の助けで排尿量を確保されていましたが、２００８年の秋頃から、ケアの間隔を2時間以上空けるという介護保険の原則では、利尿剤服用後の尿漏れに対応できないという先生からの強い訴えがありました。利尿剤服用後1時間半で排尿される確立が高いため、服薬時間を調整して、パット汚染の確率がかなり下がりました。

(3) 家族の望みをつなぐケア（２０１０年〜活動後期）

２０１０年の君ちゃんは、声も身体も小さくなられましたが、訪問時に声かけすると、しっかり起きておられる時は「来たんか」と言われるように目を開けて下さいました。拒否の意思表示もしっかりされ、お茶の介助中、排便があると口をへの字に閉じて「待て」とサインを出され、タイミングが悪い時は顔をしかめたり、瞼をピクピクとさせたりなさって、「ダメ」と言われているようでした。食事介助の際、口に合わないものをしつこく口に入れようとすると、瞼や足がピクつき、蹴り上げられ、怒っておられることもありました。

自力歩行が難しくなり、抱えて移動することが増えるようになりましたが、それでも君ちゃんは、排泄や入浴を続けることの手順をわかっておられ、ケアする人との呼吸が合えば、自力で動く力が残っていました。止めてしまえば、おそらく脚力も全体の機能も落ちていたと思います。ポータブルでの排泄も入浴も、常に続けていることによって新しい記憶ができているのでしょう。新しいヘルパーとの関係も、君ちゃんも日々、その方との呼吸を学ばれるのだと思いました。

私も、いつもできていることでも違うことが起きると焦ってしまいます。そうすると君ちゃんは敏感に感じ取られて動いてくれなくなります。そういう所は非常に感受性が強く、おろそかにしてはいけないと感じました。先生は、経験や技量だけでなく〝生き生きしたケア〟を求められました。未熟な私は、回数を重ねることで君ちゃんのケアに慣れることができましたが、先生から「認知症で分からなくなっている人に質問しても困らせるだけだ」と注意されたこともありました。よく「元気を与えるヘルパーさんになりなさい」と言われましたが、私の場合、困っておられても解決できる介護経験や技術をもたないので、一緒に落ち込んだり、怒ったり、喜んだりして、先生の君ちゃんの介護に対する思いに寄り添うよう努力してきたつもりです。

7 まとめ—ケアを繋ぐ笑顔の連鎖

(1) 利用者家族の思い

利用者本位のケアの実現のために、家族に諦めずにケアの説明をしたり希望を言い続けることは、ストレスの高いことです。過去に、利用者の相談窓口の担当者にケアについて相談したことがありましたが、中々わかってくれない状況でした。介護保険制度の中でのヘルパー派遣の説明や、事業所の営業時間、ヘルパーの労働条件をもとに、できる、できないの判断がされたことも事実でした。

ケアとは一体誰のためのケアなのかを考えると自然と方向性は見えてくるはずですが、我慢せざるをえないサービス提供体制があったのです。そこで、ケアの必要性を身近に感じてくれるヘルパーにまず理解を求めました。ヘルパーがケアプランを利用者とともに作っていく共同作業が始まりました。ケアの中身を理解しているからこそ、こうしたらよいのではないかという提案ができるのです。当時の高野事務所の営業時間は朝7時30分~夜19時ということで、夜間帯のヘルパー派遣は営業時間外で、夜の排泄介助はありませんでした。ところが、大坂ヘルパーは夜間の排泄介助の必要性を理解し、どうにかして夜の排泄介助も可能なところはやっていこうということで、２００８年5月、サービス協会がだめなら夜間派遣をしている他の訪問介護事業所にヘルパーとして登録して、昼間のケアはサービス協会から、夜間のケアは他事業所から訪問してくれるようになりました。利用者本位のケアの実現に昼夜を問わず協力をしてくれたのです。夜の道を切り拓いたヘルパーです。

事業所から言われたことだけをするヘルパーではなく、利用者に寄り添ったからこそ必要なサービスを理解し、困ったことを解決する提案ができたのだと思います。ケアプランにないから、事業所の営業時間でないからとできない理由を並べ、我慢せざるをえないケアは仕方のないことなのでしょうか？　介護保険では利用者本位、利用者の尊厳の維持を大きく謳っています。我慢せざるをえないという状況は、制度の不備といわざるをえませんが、制度を運営していくその担い手が不足していることも大きな課題です。夜間に来てくれるヘルパーがいない、夜間ヘルパーを派遣する事業所の体制がないことが現状でしたから、必要性は分かっていてもないところから作り出していくことが求められました。それは利用者だけではできません。ヘルパーだけでもできません。事業者だけでもできません。利用者本位のケアを作り出していくのは、利用者、利用者の家族、担い手のヘルパー、ヘルパーの事業者が協力しあってこそ切り拓いていけるものだと思います。困ったこと、ピンチから始まるチャンス、ピンチを解決するためにケアを切り拓いていくことが求められるのではないでしょうか。

大坂ヘルパーが朝一番のケアに入り、体内時計25時間のケアの流れの理解をしてもらうことで、1日の始まりのケアから、排泄介助の望ましい時間を予測していく相談ができるようになり、1日のケアの流れを作っていくことができました。君ちゃんが起きている時間（起きた時間）、寝ている時間の記録をすること、失禁の記録、寝ている時間にケアして失敗したりケアがうまくいかなかった記録を書くことにより、それらを解決するためにどうしたらよいかの対策を立てていくことになりました。

この頃は、失敗の報告を歓迎しました。連絡ケアノートには失敗、うまくいかなかったことを記入するようにお願いしました。認知症のケアは失敗失敗の連続です。その失敗を解決することは新たなケアの発見なのです。うまくいかないのが当たり前ですが、失敗が解決できた時、利用者も家族もヘルパーもケアを通して、喜びを感じることができます。一つのケアを通して共感しあえるということは、ケアとはケアされるものがケアを受けるという一方向の関係性ではないと考えます。利用者、家族、ヘルパー、事業所の笑顔が揃った時の結果は素晴らしいものです。君ちゃんと家族とヘルパーとの関係は、目指すべきケアとは何かを考えるきっかけになるのではないでしょうか。

（2）25時間サイクルのケア、夜間・早朝サービスの試行錯誤

2005年9月頃より君ちゃんの睡眠時間がずれ始めました。睡眠時間のずれは昼夜逆転という捉えかたで、昼夜逆転を直そう、夜には寝てもらうため薬で調整しようという考えが主流でした。今も薬を飲ませて夜は寝てもらうという介護が病院や施設では行われています。君ちゃんも夜に寝てもらうために薬を飲んだらという意見や日照時間の調整をしたらどうかという意見がだされました。しかしながら、その考え方は介護者、ケアする人にケアされる人を合わせるという考えかたです。病院や介護施設では、夜間の勤務体制の問題もあり、起きている時にケアをするということが全く実践されていない状況でした。君ちゃんのケアでは、君ちゃんの体内時計25時間サイクルに合わせ、起きている時間にケアをするようになりました。それにより、ポータブルへの自然排便は続き、オムツかぶれはなくなったのです。

第4章

24時間365日
切れ目のないケアの実現へ

（2010～2013年）

■2010～2012年■

2006年以降、夜間・早朝サービスを提供する事業所が何か所もできたものの、ヘルパー不足であったり、訪問していたヘルパーが怪我をして急に訪問できなくなったり、1回だけの訪問で継続しての訪問は難しいといったのが実情でした。更には事業所自体がヘルパーの夜間派遣から撤退するなど、夜間サービスができた喜びもつかの間、毎日新しい事業所から訪問するが翌日からは来られないという状況が続きました。新しい事業所からヘルパーが訪問するたびに、契約手続きやケアの説明・引継ぎが必要となり、サービスは全く安定しない日々の連続でした。先生の介護疲れは益々ひどくなってしまいました。24時間365日、不安な日々が続きました。

2010年に、京都福祉サービス協会がようやく夜間対応型のサービスを開始するようになり、上京区にナイトケアセンター小川が発足しました。日勤と夜間の時間帯を通して同じ事業所・法人でのケアが可能となり、24時間365日フルサポートという希望が芽生えました。ピンチ、ピンチの中から新しいチャンスの始まりです。

これまで日勤帯のヘルパーは左京区の高野事務所から派遣されていました。ナイトケアセンターのケアを開始するにあたり、池内、三芳、谷の3名の常勤職員ヘルパーが、日勤の時間帯は高野事務所の所属とし、夜間帯はナイトケアセンター小川の所属として、昼夜とも訪問するようになりました。

君ちゃんの状態は、2010年前半までは体内時計25時間サイクルで綺麗に動いていましたが（君ちゃんの25時間サイクルの表、121頁参照）、夏頃からそれが乱れ始めたため、朝7時からの固定ケアに変わりました。1日5回のケアのうち、①朝7時ケアのスタートと②番目のケアは変えず、排泄と睡眠による変化に応じて③④⑤番目のケアの時間を微調整しながら行うというプランです。①②番目のケアの時間を固定したのは、①番目に利尿剤を服用するとその1時間後には排尿があるので、②の時間もおのずと決まるためです。③④⑤番目のケアの時間は、14時、19時、0時と入っていましたが、パットでの排泄があるために君ちゃんに合ったケアができていないと考え、13時、18時、0時に変更し、2012年までこのリズムが続きました。しかし、同年1月以降、君ちゃんが眠っているのを無理に起こしてケアをするケースが増えてきて、さらに便失禁が何度もあったり大量の尿がパットに出ていたことから、もう一度睡眠と便のリズムが見直され、⑤番目の0時を2時に変更すると便失禁はおさまりました。

時間帯を固定化すると、ヘルパーの調整はしやすくなるものの、ご利用者の状況に合わせたケアが難しくなるのも事実であり、日頃のヘルパーの記録をもとに、尿便失禁がどの時間帯に集中しているかを見極めてケアに入る時間を調整していたのです。

この時期、25時間サイクルに沿って、君ちゃんが起きている時にケアをするということについて何度も話し合い、失敗してもよいので、どうしたらよりよくなるのかをナイトケアセンターと高野事務所で話し合い、試行錯誤を繰り返しました。君ちゃんが起きている時にケアをすることによって、今までにない排泄介助の奇跡が起こったのです。

君ちゃんは２０１０年頃から自力歩行ができなくなっていましたが、それでも足に体重を乗せ、先生に支えてもらって立位を取ることはできました。自力で排泄することも難しくなってきましたが、ツボ押しすることでポータブルでの排泄を保ち続けました。排泄介助を単にオムツ交換という視点ではなく、排泄介助をどのように楽しむかという思いがヘルパーの意識の中に芽生えてきました。

「目指せ尿４００cc、便の神様が舞い降りますように」と、全てのヘルパーで尿のツボ・便のツボを共有し、ヘルパーはポータブルの快音によって「君ちゃんと通じ合えた」と感じました。言葉では無理でも、排泄介助というケアを通してコミュニケーションを取っていたのです。ヘルパーがケアを通して感動した瞬間です。

一方、誰もが初めからうまくケアできたわけではなく、ヘルパーの間では谷口家はどんどん〝難しいお宅〟になっていきます。君ちゃんの在宅介護20年の先生の前では、どんなベテランヘルパーも新人同然でした。「失敗してはいけない」と緊張でがちがちになるヘルパーに、先生が要求し続けた「笑顔」。その要求に、各ヘルパーはどのように応えていったのでしょうか。

1　池内永子ヘルパー：共に考え、失敗しを共有する

（２０１０年～２０１２年）

ナイトケアセンターとしても、高野事務所のヘルパーとしても活動に入っていたのは、私と三芳さ

ん、谷さんでした。やはり回数多く入るようになると、先生とのコミュニケーションも取りやすく、大坂さんともたまに会うことができて「チームでやっている」ということを実感しました。

在宅の介護というのは、ご家族共々ご利用者であるということが大きなポイントになりますから、ご家族の思いは非常に大きいと思います。特に先生は、君ちゃんの介護に関してはプロだと思うのです。そこで、こちらに来て1、2年の者が足元にも及びませんが、何とか先生の手助けがしたい、どうしたら先生の気持ちに寄り添うことができるか、そう考えることがとても大切なことでした。

しかし、あまり頻繁に入れないナイトケアセンターのメンバーの中には、先生の顔色を見て萎縮してしまう人もいました。そういう時はメンバー同士で話し合い、力を抜いて入るようアドバイスしました。

谷口家のケアのキーワードは「笑顔」。私たち三人は「笑顔だけでよい」とおっしゃる通りにしていました。先生の気持ちに寄り添うこと＝君ちゃんに寄り添うことにもなるので、先生がおっしゃるように楽しく介護をすることが大事だと思います。とはいえ最初の頃、ケアに入る前は「病院の元院長だ」「奥様のケアを20年以上されている」「25時間サイクルのケアとは?」など、頭にいっぱい入った状態で伺っていました。でも「笑顔だけでいいのだ」という意味が訪問するうちに分かってきました。

ここでは、介護の連絡ノートに記録をしていくのですが、最初私の記録は2、3行で、やったことの事務的な記録だけでした。しかしそのうち、先生と話したことや失敗したこと、介護の疑問や悩みなども記録するようになり、同様に他のヘルパーさんの記録も増えてきて、1か月に1冊のペースで増えていきました。そして、その記録を読むのが先生も私も楽しみで、昔のものを見せてもらいながら、元祖三人娘の色々な話やその時の思いを聞いて、介護が繋がっているのだと感じました。

さらに、寝たきりの君ちゃんがオムツのパット内ではなくポータブルに排泄されることに驚きました。寝たきりの人には漏れないようにオムツをするとか、体位変換をして褥瘡を作らないようにすることが基本だと思っていましたが、実際にポータブルに座って排泄してもらうことを経験して、ツボ押しのこともこちらに来てから知りました。ヘルパーさんたちそれぞれがどこを押せば尿が出て来るかを実際にやりながら研究して尿を出しているのですが、文献にも排尿のツボが書かれていて、改めて納得しました。

介護という世界は、ご家族が介護を体験されて初めてわかるものであり、寝たきりになることや認知症で徘徊することすべてが未知の世界で、今まで体験したことのないことが起こって「さぁどうしようか」と考える、これからの世界であると思います。それぞれの家族によって介護のあり方は違います。谷口先生、君ちゃんと共に考え、失敗し、また考えてやっていく。それを共有して初めて谷口家の介護が分かっていきました。

2　三芳恭子ヘルパー：笑顔から自然体が（2010～2013年）

先生から「三人娘」と命名してもらい、「梅の花より美しい、桜の花より美しい」などと言われますが、実は三人で一人前なのです。三人とも勤務形態が日勤も夜勤もあって不規則なので、1か月のうち実際に訪問した時間はまちまちでした。それでも、先生や君ちゃんへの関わりは一人前以上にしていこうという意気込みで取り組んでいました。

私が最初にお伺いしたのは、２０１０年の2月頃です。ナイトケアセンターが始まったのは3月からでしたが、1月からフルサポートヘルパー＊として勤務し、実習を兼ねてこちらに訪問させて頂きました。引継ぎは、大坂さんと小西さんにしてもらいました。

当初から先生に「笑顔でピンチをチャンスに変えるケアをしてほしい」と言われていました。しかし、自分は笑顔で来ているのですが、ケアのやりとりの中で上手くいかなくなると、途中でその笑顔が崩れ去ってしまいます。表面的な笑顔ではなく、自分の中で「笑顔」をどう確立していくのか難しく思いました。

先生の言う「笑顔」とは、単ににこにこしているだけでなく、たとえケアが上手くいかなくても次に繋げていこうとする気持ちが大事だと、「笑顔」という響きに深いものを感じました。
また、君ちゃんにも惹き付けられるものがありました。最期はベッドに寝たきりの状態でしたが、少し前までは足を前に出して歩いておられました。もちろん失禁もありますが、ポータブルで尿や便が出ること、さらにアガー＊を口に入れるともぐもぐと嚥下して呑み込まれ、君ちゃんが生きていることを感じ、先生が24年間続けてこられた介護に関われたことが喜びでもありました。
「笑顔」でケアを続けるには、もちろん自分の生活も元気でないといけませんが、関わることで利用者に力を与えると同時に、自分も新たな力を得ていけると感じました。

例えば「ツボ押し」ですが、尿や便の出るツボを探して押すことで実際に出て来るのですが、人によってツボは色々あります。私が感じるツボは、たまたま出ているだけではないかと思うこともありました。本当に上手くできているかの境目は微妙で難しいのですが、上手く行った時に良かったと思えることがケアを続ける力にもなっていました。

ケアに入る時は構えるのをやめると自然に喜んで入れましたし、帰る時も「また元気で次も来ますね」という気持ちになれました。

3　谷美賀ヘルパー：失敗を重ねることで笑顔が増える
（2010〜2013年）

私はナイトケアセンターの発足以来、皆さんより一足遅れてメンバーになりました。その頃から、メンバーの中では谷口さんのケアのお話で持ちきりだったので、こちらにお伺いする前からくじけている状態でした。最初に大坂さんに同行させて頂き、そのベストなケアの様子を漏らさないようにメモしようと意気込みながら、3回ほど行かせてもらいました。

最初は、とにかく失敗しないようにと思いながら来ていました。そのような状態が続けばどのようになると思われますか。緊張で何を話しているか、何をしに来ているのか分からない状態になります。それを楽にして下さったのは、実は先生でした。「何も成功なんてないのだよ」と言われた途端、肩の力がすっと抜けて、自分を出すことができました。じゃあ何をしたかというと何もないのですが、自分の素を出すことで楽しく入ることができ、今まで失敗しないようにと思うあまりに周りが見えなかったのが、失敗もOKなのだと思うことで色々見えるようになりました。

例えば、訪問してすぐに君ちゃんの様子を見て「今日は良い顔色をされてますね」と言うと、先生は「今日は大失敗だよ」とおっしゃられる。「えっ」と思いますが、「昨晩から酸素吸入のスイッチを入れ忘れて大変だった」とお聞きし、何だか見当違いの話をしてしまったと思いました。その後ケアに入ると、君ちゃんはすでに大失禁でした。「こんな失禁は初めてだよ」と先生、「本当に私も初めてです」と私。清拭をした後、先生は朝食の後片付け、私は心臓薬の投与とお茶アガーを摂取してもらっていました。

しばらくして先生が戻ってこられ、「君子さん、呑込みよく服薬され、アガーも摂取できました」と報告すると、「今日のケアの予定は?」と尋ねられました。内心「今日は何かあったかなぁ」と思いながら、普段の計画を話すと「そうか、君はジュースを作る計画はないのか」と言われました。「すみません、忘れていました! でもすぐ作ります」と答えると、先生は「今日の僕の酸素の失敗と同じだね」と言われ、「はい、同じですね」と固い握手を交わしました。最初の失敗したらあかんという気持ちのままでは、決して笑顔は生まれなかったと思うのですが、「失敗を重ねることで笑顔が増える」と言ってもらい、失敗だらけの私ですが、楽な気持ちで入れたことに繋がりました。

4 木村露子ヘルパー：失敗を楽しむということ（2010〜2013年）

先生の所にはナイトケアセンターが始まった頃から約3年半訪問させてもらいました。一番驚いたのは連絡ノートです。皆さんたくさん書かれていて、読むのも大変でした。何を書いたらよいのか分からず、とりあえずその日の様子を書いていたら、「そんなことはいらない。とにかく失敗したこと、上手くいかなかったことを書きなさい。そして、これからどうしていくのかを記入するように」と言われました。

今までは、引継ぎとしてやったことを書いていくものだと思っていたので、初めての経験でした。私のヘルパーとしてのキャリアは8年くらいあったのですが、1日目に先生からは「まだまだ青いな」と言われました。まさしくその通りで、ケアも君ちゃんとの関わりも先生との関わりも、今まで経験したことのないことが繰り広げられていて、とても戸惑いました。

まず、君子さんを「君ちゃん」と呼んでほしいということも、今まではあり得ないことでした。また、先生との関わりも、病院の先生と聞いていたのでとてもプライドの高い方だと思い、当たり障りのないケアをしていたのですが、そういう関わり方は先生にとって非常に負担だっただ

ろうと1年半ほど経ってから分かりました。あることから、先生はヘルパー以上のものを求めていらっしゃると感じ、そう理解した時から、先生との関わりや君ちゃんのケアがとても楽にできるようになり、こういうこともあるのだと納得できました。

終末期の頃、先生が「たぶんこの山は乗り越えられない」とおっしゃった時に、私は「今まで何度も乗り越えてきておられるから大丈夫です」と言ったら、「今回はいつもと違うのだ」とお答えになったのを鮮明に憶えています。それほど先生は、君ちゃんの日々の介護を通じて様子をみてこられたのだ、私たちには分からないことをたくさん分かっていたんだなぁと感じました。

先生は、失敗を楽しんでおられました。私があたふたしていると、先生はすごく嬉しそうなお顔をしておられました。そういう現場で培われ、鍛えられていったことは、私の大きな財産になっています。

ナイトが南と小川の2か所に分かれた時、先生の大好きなヘルパーが南にいってしまい、代わりに新しいヘルパーが入ってきて、先生はとても大変だったと思います。そういうことが分かっていながら、南から応援を頼めばいいのではないかという話もありましたが、新しいヘルパーたちと共に何とか踏ん張ってここのケアをやっていこうと思いました。それは、慣れたヘルパーに応援を頼んでしまえば新しいヘルパーが入れなくなってしまうのではないか、という不安があったからです。小川で先生のケアを支えるんだと思わなければ、新しいヘルパーを送り出すことができないと思いました。

私たちが関わり始めた頃より君ちゃんの体調は落ちていましたので、途中から入ったナイトケアヘルパーは大変だったと思いますし、先生も体力が落ちてきていて、余計に大変だったと思います。

私たちも、新しいヘルパーに同行しながら、独り立ちしてもらうタイミングを計るのは難しかったです。独り立ちしてもらっても、頃合いをみて同行させてもらうこともありました。やはり人間関係を考えると、馴染みのヘルパーには良くても新しいヘルパーにはダメということもありましたので、難しかったです。

ナイトはローテーション勤務で、毎週同じヘルパーが訪問するわけではないので、先生としては誰が来るのかわからないのは負担だったろうと思います。それでも先生は「良くしてくれる」「こんなことをしてくれたんだ」と話して下さっていました。

5　松岡眞理ヘルパー：チーム力が何よりのケア推進力（２０１０〜２０１３年）

いつも来る度に「君は笑顔を奪うなぁ」と言われつつ、そう言われることを半分喜んでいる自分がいました。というのは、先生がそれっきり私を拒否するのかと思いきや、そうすることは全くありませんでしたから。そしてある時、先生が壁に貼ってある写真を見て、「このヘルパーさんは何々をしてくれた」と話されたことがありました。私が「君ちゃんそうなの？」と尋ねると、君ちゃんはツーと涙を流され、「ああ、君ちゃんは覚えているのですね？」と言ったところ、先生は「この人はちゃんと聞いていて分かっているのだ」とお答えになりました。その出来事が私にとって、君ちゃん、先生、私の三人で共有できたひとときとして心の拠り所となりました。

私がここに来て一番嬉しかったことは、チームワークでケアさせてもらったことです。例えば、背の低い人がいかに上手く君ちゃんを立たせることができるかという問題を事業所まで持っていき、高野事務所の方が上手いと聞けばやり方を教えてもらいました。逆に高野事務所の方がナイトケアセンターに質問することもあり、いつも谷口家の話題が事業所内でも出ていて、どのような状態か、どんな問題があるのか、それをどう解決するかなど、関わっている皆が共有していました。チームワークで仕事をすることが一番綿密なケースだったと思います。

私の勝手な考えですが、ヘルパーが訪問先の介護をいかに上手くするかは、ケアの難問やつまづきをフォローできるサポート体制ができていれば、どこの訪問先も同じだと思うのです。あまり特別大変だという意識を持たずに、君ちゃんを立たせて、移動させ、ポータブルに座らせ、排便排尿をしてもらい、排泄リズムを作ることを考えていくように入った人が、結果的に上手くいったような気がします。

「技術ではなく、笑顔だよ」「経験の長さではない」と先生はよく言われました。愛情をもって、君ちゃんや先生の心を読み取ることが大事なので、ケアに携わる時にあまりごちゃごちゃ言わない方が上手く入ることができるとも感じていました。

それに、君ちゃんがずるずるっと落ちても、先生がふらついて後ろに転倒しても、先生から「責任をとってくれ」と言われたことはありませんでした。「これはピンチだけれど次に繋げてくれればいい」と言われ、転倒予防で後ろの扉を閉めて防御するとか、「君子が下に落ちてしまえば私が持ち上げるのが大変なのだから、上手く私に預けてほしい」と言って下さいました。責任を問われることが一度もなかったから、私たちは自由にできたのだと思います。

また、先生が君ちゃんのケアに真剣に関わってこられたから、私たちヘルパーも真剣になれたのだと思います。先生が君ちゃんを寝たきりにさせないという情熱が私たちを動かしている、家族の愛はすばらしいと本当に思いました。

在宅で看取ることに関して、君ちゃんは本当にお幸せだったと思います。君ちゃんが天に召される前日、容態は悪かったのですが苦しいという感じではなく、身体すべてを先生に預けていらっしゃいました。しんどいにもかかわらず、安心して任されているようでした。在宅の良さを最後に感じ、貴重な体験をさせて頂き嬉しかったです。

6 この章のまとめ

(1) 四つ(君ちゃん、先生、ヘルパー、事務所)の笑顔の始まり

この時期にヘルパーが達成したことは以下のとおりです。
便のツボ、尿のツボの発見から挑戦、実践、伝達、継承、笑顔の連鎖。
終末期にもかかわらず、失禁しないケアの連続。
排尿排便のサイクルを考え、研究する。
ヘルパーから排尿リズムの時間調整の提案。
パットを濡らさないケアの実践。
リハビリパンツを交換しない日の連続記録。

ケアする現場での新たなケアの発見は、利用者や家族だけでなく、ヘルパーも元気づけます。だからこそピンチを解決していくこと、新たな発見をしていくこと、ケアを楽しむことが、ケアを続けて行くことに繋がるのだと思います。

在宅ケアは、医療面からは考えられないことが起こります。というのは、医療では、看護師は医師の指示がないとやれません。しかし、介護（ヘルパー）は、生活に関わり実際の暮らしを見ると全く違ってきます。例えば、君ちゃんの排泄ケアでオムツに頼っていた時は、ゴミの量が先生ではもてないほど多かったのですが、ポータブルを使用し、排泄記録を更新していくようになると、オムツの使用は減り、ゴミの量は一気に減少しました。排泄ケアを通しても生活に変化が生まれるということです。

介護ケアノートの活用も新たな発見に繋がりました。先生はいつも失敗したことを書くようにと言われました。失敗をみんなのものにすることで、新たな発見が生まれるということです。最初は失敗を書くことに抵抗がありましたが、失敗を共有し、その大変さと喜びを共有することによって、君ちゃんのケアに関わるヘルパー全員で、排泄ケアを考えることができたのです。

(2) 君ちゃんを看取るまで

君ちゃんの状態は終末期となって誤嚥*を繰り返して熱発することがあり、アイスノン（氷枕）で冷やすことで対応していました。熱発時や排便時には時折せん妄状態となり、身体を激しく動かすこともありました。ターミナルケアにおいての体調維持は、なるべく起きている間にケアをすることが重要でした。アガーの呑込みもよくなり、誤嚥も防げ、排泄も上手くいくので、睡眠リズムの把握が重要な課題でした。

そして2013年6月27日早朝、ナイトケアのヘルパーが訪問している時、先生に見守られながら君ちゃんはご逝去されました。最期まで、自分の口から食べ、座って排泄して、人としての営みを全うされました。先生にとっては実に、24年間にわたる介護生活が終わりを迎えたのでした。

(3) ヘルパーに求められるもの、みんなの笑顔

認知症のケアは利用者家族もヘルパーも初体験でしたが、谷口家では「笑顔一筋」を求め続けました。認知症は、それまでできていたことが次第にできなくなります。例えば入浴ですが、入浴できないのはお風呂が悪い＝入りたくないお風呂を入りたくなるお風呂に変えてはどうか、そういう発想でヘルパーが利用者目線の提案を取り入れ、お風呂を改造したことによって入浴が成功するということが実際に起こりました。

それは、認知症はできないことが増え物忘れも進行していくけれど、感性はとても豊かであり、感性のままに行動するということを理解することによって可能になります。認知症の人は感性が豊かであるがゆえに、不快感にはとても敏感に反応されます。実際のケアの場面では、利用者がヘルパーとうまく行かずに拒否することが起こりえます。ヘルパーは決められた内容を一生懸命に行おうとし、ヘルパーのペースで関わろうとするあまり、利用者が逃げていくこともあります。

だからこそ、失敗をみんなのものにしていく仕組みを作ることが大事になります。君ちゃんのケア

で注目すべきは、いつも困ったことや相談ごとを聞いてくれるヘルパーがいたことです。困っていることを相談した時「できません」と言われると、利用者家族にとっては最後宣告を受けた気持ちになり希望を無くしてしまいます。一方、ヘルパーからこうしたらどうだろうと提案をされると、やってみようと気持ちは上向きとなります。利用者・家族に困りごとが次々と起こってきたとき、ヘルパーは自分自身のこととして考え、なんとかしようという提案や働きかけをする、それが利用者・家族を元気づけるということに繋がります。ここに「笑顔のヘルパーの源」があるのではないでしょうか。

「笑顔」の基本は、介護を提供するヘルパーとその事業所の向き合う姿勢に関わります。介護者の思いと提案によって、利用者とその家族の笑顔の連鎖を次々と繋げていくことが、介護を継続する中で求められるのです。また、利用者の困っていることを大切にし困りごとを解決する時、ヘルパーにも驚きと感動が生まれます。

(4) 輝くヘルパー

笑顔のヘルパーを紹介していくこと。一人ひとりのヘルパーを評価し、ヘルパーを支えること。それには、直行直帰というヘルパーの訪問形態の中で、ヘルパー同士、ヘルパーと事業所の連携を支える仕組みが必要になってきます。ヘルパーが事業所に報告する時、事業所は忙しいのではないかという遠慮が常にあり、何度も電話すると迷惑をかけているのではないかとも思ってしまいがちです。しかし、ヘルパー同士、ヘルパーと事業所がより良い関係を築くことが、利用者へのサービスの質に関わる前提です。ヘルパー同士、ヘルパーと事業所との信頼関係と、どのような目標でサービスを提供していくのかの共通の理解が必要となります。

失敗をみんなのものとする、喜びもみんなのものとする、それを共有していく土壌を培っていくことが大事です。失敗をしたらダメではなく、失敗を新たなケアの発見に繋げていくことこそ、ヘルパー・事業所と利用者・家族を笑顔で繋いでいく事になります。また、ヘルパーの感動とは、同じ喜びや失敗を共有することによって生まれるものです。

(5) ヘルパーの発見

ヘルパーとして訪問することが続けられるには、失敗した時にフォローしてもらえることが必要です。「失敗→しんどいことが続く→フォローと支え合い→楽しくなる→一緒に喜ぶ→継続」というサイクルこそ、ヘルパーのチームワークの構築の要です。

ヘルパーは、初めは引き継ぎを受けた通りにケアを行いますが、次々に起こる困りごとを解決していくことがやりがいに繋がっていきます。君ちゃんのケアでは、やらされているのではなく、利用者の困っていることを利用者に寄り添いながら解決していくことが利用者の笑顔に繋がり、ヘルパーのやりがいに繋がっていったのです。最初から笑顔があったわけではありません。笑顔を求め続けたことが、望むケアに繋がり、利用者家族を元気にしました。排泄介助に苦しみ続けた日々が長く続きました（約8年間）。しかし、夜間サービスが整わない中で、週1回だったら訪問できるというヘルパーの提案から、夜間サービスの提供が可能になりました。最初の扉を開けたヘルパーの功績は大変大きいと思います。

第5章

エピソードあれこれ

—こんなことありました！—

（1996～2010年）

1　中林喜代子、若山智佐子ヘルパー：入浴拒否から入浴を楽しむケアへ（1996〜1998年）

（1）君ちゃんの状況

1996年頃のある日、君ちゃんが2時間近くもお風呂から出て来ないことがありました。心配した先生が覗いてみると、君ちゃんは裸で洗濯をしていました。注意しても理解してくれません。風邪をひかれても困ります。先生は「もう一人での入浴はこれまで」と判断し、翌日から一緒にお風呂に入ります。

最初は、新婚旅行の温泉旅館以来の混浴に、緊張しました。しかし君ちゃんにとっては〝父親と子ども〟という関係からか、拒否しません。うまくいく日がしばらく続きますが、時を同じくして美容院での洗髪を嫌がるようになり、1997年の夏頃には先生との同伴入浴も難しくなります。

また、ようやく徘徊がおさまりかけた頃、今度は排泄が困ったことになり、度重なる便失禁・尿失禁に悩まされます。週1回の娘さんとの入浴はうまくいっていましたが、尿便失禁の度に入浴させないことには、清潔を保てません。しかし力ずくで入浴させようとすると、徘徊行動へと発展してしまいます。いかに君ちゃんを入浴させるか、その困難を解決するアイデアを出したのが、中林喜代子、若山智佐子ヘルパーでした。

(2) 中林ヘルパー・若山ヘルパーの活動（中林ヘルパー談）

1998年、入浴の依頼を受け、若山ヘルパーと浴室に誘導を試みましたが、浴室の前まで来ると拒否されることが繰り返されていました。それでも若山さんと協力して、君ちゃんの背中を押しながら浴室の中に入ってもらい、鍵を閉め衣類を脱いでもらおうとしましたが、強く抵抗されなかなかうまくいきませんでした。君ちゃんは、全く歩かないわけではありませんが、身体が後ろに引けるという感じでした。なぜ嫌がられるのか考えてみましたが、おそらく浴室の雰囲気が薄暗くて嫌なのではないかと思い当たりました。また、湯船が深く、段差があり、手すりのないことも不安でした。改装の話をお聞きして、これらの点を改善し、できるだけ明るい雰囲気にすれば入りやすくなるのではとお話しさせて頂きました。

（※その後、1998年12月に浴室が完成しました）

改装後も、すんなりとはいかず、若山さんとアイデアを出しながら誘導を試みました。ある時は、浴室に椅子を置き「君ちゃん、ここでお茶しようか？」などと声をかけ、できるだけ和やかな雰囲気を作り、「私たちも一緒にお風呂に入るからね」と安心させて服を脱いでもらうようにしました。

湯船に浸かってしまうと、とてもリラックスされるので、とにかく浸かってもらうまでの誘導には苦労し、時には少し強引にすることもあり

ました。君ちゃんにとっては、これから何をされるのか理解できないため、わけのわからない所に押し込められるのではないかという不安があったのではと思います。

ヘルパーの一人が手を引き、もう一人が背中を押していくという半ば強引な方法でしかできない時が大変でした。先生と二人で入浴をし始めてからは、そういうことはありませんでした。

(3) 中林ヘルパー・若山ヘルパーの工夫

浴室が暗い、湯船が深い、段差がある、手すりがないといった点を改善し、できるだけ明るい雰囲気にすれば君ちゃんも入りやすくなるのではと提案しました。

浴室は、家の中で一番転倒の多い場所と言われており、活動には細心の注意を払わなければなりません。そのため、設備が整って介護者が安心して入れる場所になれば、介護にも良い影響が出ると考えたからです。

※1998年12月に完成した浴室は、一面ピンク色の明るい浴室でした。先生は当初、自宅で入浴を続けることは不可能だと思っていましたが、浴室が改装されてから君ちゃんの抵抗はかなり減りました。その後ほとんどのヘルパーが抵抗なく入れられたことを考えると、介護者自身が以前の浴室に不安があったことも伝わって、うまくいかなかったのかもしれません。

2　油野英美子相談員：寝たきりから復活した花見
（２００1年～２００３年）

（1）油野相談員の活動（※相談員＝サービス提供責任者）

２０００年4月からは介護保険が施行となり、君ちゃんは要介護5の認定を受けておられました。介護保険への制度移行の頃は、措置時代（２０００年以前）のように、見守りや散歩などをして3～4時間ゆったり過ごすといったケアから、介護保険で何ができるかを相談しながらサービスを提供することが求められました。

私は、２００1年の1月から２００３年の6月まで相談員として担当させて頂きました。２００２年、介護保険を柔軟に利用するという姿勢で、その頃のケアマネジャーと相談して、ご利用者の意欲を引き出し高める働きかけ（自立支援）を目的として、先生の希望であった植物園の花見を、ヘルパーたちと共に計画しました。

当時はまだ今ほど介護保険もきめ細かなルールがありませんでしたので可能だったのです。ご利用者の希望するケアを実現させようと、ヘルパー・相談員・ケアマネジャーの見事な連携により、植物園での花見は実現しました。

お花見の当日、先生から「君子の喜ぶ食べ物を買ってきて下さい」と言われ、普段食事介助に携わっていないため随分悩みましたが、手で摘める物をと考え、いなり寿司、パン、オムライスなどを買っていきました。普段食事介助が必要だった君ちゃんが、自分の手でいなり寿司を掴んで食べられた時には、ヘルパーと一緒に感激しました。

(2) 先生の言葉

花見の日はとても天気がよく、一番美しい桜の木の下で過ごすことができました。その日の昼食で驚くことが起こりました。しばらく自分で食事をとることが無かった君子が、自分の手でいなり寿司を4つもパクパク食べたのです。花見に行ったその日を境に、君子に活気が戻りました。桜やチューリップなどの花を見て目の色が変わり、次々言葉が出てきて、身体も動きだしました。この花見を冥土の土産にと考えていたつもりが、とても良い効果をあげたので、これを機にADL(日常生活動作)を向上させるケアプランの一つとして、散歩を加えてもらうことにしました。まさに寝たきり脱却のターニングポイントとなった花見でした。

5月には孫や子供たちと植物園に、看護師さんたちと御所に、秋には娘の姑が再び植物園に連れて行ってくれました。もう寝たきりになるのではないかと諦めて、冥土のみやげにと命を繋いでいく事も諦めかけていたところに、君子にとって再生の年となり、その後2~3年近所への散歩に出かけられるようになりました。初夢で冥土のみやげにと思った花見が、夢がどんどん膨らみ、君子の喜ぶことへのケアプランとして、支えてくれる人へと繋がっていきました。植物園では知らない人までもが、いちばんきれいな花見ができる場所を空けてくれるという、多くの人の優しさに触れ、家族の心はとてもさわやかなものとなりました。妻の寝たきりはしばらくお預けのようだと感じることができました。2002年には2001年の悪夢を脱し、生活リズムが改善され、よく食べよく飲むようになりました。娘とヘルパーに感謝感謝です。

(3) ケアプランの評価

復活の花見は、外出はもうできないと諦めていた家族に希望を見出しました。植物園に行くのにどうして行ったらよいか迷いましたが、油野相談員とヘルパーが、車椅子に乗って地下鉄を利用して行こうと提案し、これまた大発見でした。しかも植物園は自宅から意外にも近かったのです。

当時は全く歩けないという状況ではありませんでしたが、意志疎通が難しくなり、了解を得てから外出するのは現実的ではなく、外出を諦めるほかありませんでした。それが、植物園に行く工夫をすることにより、外出が可能となり、君ちゃんの感性を刺激する機会となったのです。植物園では、まだ歩けることがわかり、「きれい」という言葉もでて感動していることもわかりました。冥土のみやげから、日常生活の楽しみとしての散歩のケアプランとして、繋がっていきました。制度の中でできないことと諦めてしまうのではなく、制度の中でもこうしたらできるのではないか、なんとかしてみようという利用者本位の発想が、ケアプランを変えていったのです。利用者本位のヘルパー、ケアマネジャー、相談員との出会いが、諦めない勇気や希望を利用者とその家族に伝えたこと、そんなケアプランが誰にでも作られていく事が必要です。

このようなケアプランの実現は、利用者や家族に希望を与えるものであり、利用者とサービスを提供する人たちが協力して築いていくもの(作っていくもの)だと思います。さらに、利用者の喜びがヘルパーの喜びへと繋がり、広がっていったときに、利用者や家族は安心して暮らすことができるのではないでしょうか。

3 隈本順子ヘルパー：「体内時計25時間」の発見（2005〜2010年）

(1) 君ちゃんの状況

2005年9月頃より、君ちゃんは寝ている時間と起きている時間が少しずつずれていきました。その結果、9、10月は朝食をほとんど食べず、11月は昼食を食べなくなり、12月には昼食と夕食を食べなくなりました。当時は先生の生活リズムで食事を作っていたので、君ちゃんの食べられない時が増えるのです。そうなると排泄にも支障が出るし、ヘルパーが入る時間に君ちゃんが眠っていて上手くケアできないこともしばしば起こりました。何より一緒に住んでいる先生にとっては、二人の生活リズムが違うことがひどいストレスでした。

そんな時、助け舟を出したのが隈本順子ヘルパーでした。隈本ヘルパーは「認知症である君ちゃんは、24時間の生活サイクルを奪われた代わりに、本来人間の体内時計である25時間サイクルに戻ったのではないでしょうか」と指摘したのでした。

当時、先生は君ちゃんの生活リズムのずれを「夜間せん妄から来る昼夜逆転」と思い込んでいました。しかし、記録を取り始めてびっくり、1日でおよそ20分、3日で1時間ずつずれていき、1週間で2時間、1か月で8時間、3か月で24時間ずれ、きれいに元に戻るのです。この25時間サイクルは、せん妄状態の時の昼夜逆転とはまた違うものでした。せん妄状態の時は、対話ができず、食べさせよう、排泄させようとしても言うことを聞いてくれませんが、25時間サイクルによる昼夜逆転は生活がずれるだけなのです。

２００5年にこのリズムがわかってからは、ヘルパーは君ちゃんの起きている時間に合わせて訪問することになりました。そうすることでケアもしやすくなり、君ちゃんの体力維持にも繋がります。先生が君ちゃんの25時間サイクルに合わせることで、二人とも3食食べることができるようにもなりました。他人から見ると夜中でも二人にとっては朝である場合もあり、端から見れば奇妙な生活でも、この状況下では自然なことなのでした。

２０１０年まで約5年間この生活サイクルは続きましたが、ともあれそれを維持するには、昼夜を問わず時間のずれに対応できるヘルパーを確保しなければならず、事業所にとっても新たな課題の連続でした。

(2) 隈本順子ヘルパーの活動

訪問させてもらった当初は、度々君ちゃんが寝ておられ、先生が揺り起こしたり、ヘルパーが冷たいタオルで顔を拭いたりして、何とか起こしてケアをしようと一生懸命でした。しかし、その行為が虐待のように思えて気が重くなり、訪問に来ることがだんだん辛くなりました。

個人的な話で恐縮ですが、当時私の息子が夜遊び出し、夕食の頃は寝て、家族が寝る頃に起き出すという生活をしていました。息子のリズムについていけなかった私は、先生の姿が自分と重なって見えました。そこで、体内時計25時間のことを先生に話し、「24時間サイクルの生活ではなく、25時間として起きている時にケアをすれば、君ちゃんもケアする側も楽になるのでは」と提案させて頂きました。事業所もとりあえず君ちゃんの起きている時間にヘルパーを派遣をしようと動いてくれました。先生が取られた記録を見ると、本当に規則的にずれていくことがはっきり分かりました。

当時を振り返って、君ちゃんのケアに対して大変だったという思いはありませんが、先生に対しては大変気をつかいました。改めて、一緒に生活をして介護を継続するご家族の方の大変さを感じました。

生活リズムのずれから来る介護者である先生のイライラを察し、眠っているところを無理矢理起こすのではなく、起きている時間にケアすることが、君ちゃんにとってもご家族にとっても一番無理のない方法だろうと考えました。訪問経過から見出した「君ちゃんの1日は25時間では」との提案から、先生の睡眠記録作りが始まり、夜間せん妄ではなかったことが発見されたのです。

(3) 当時の武田なおみケアマネジャーのふりかえり

当時は最初に3時間ごとのプランを作り、ケアプランの中で時間をずらして決めることはしていませんでした。ですから、プランと実質の活動時間は違ってきていました。実績で記入しなおすという状態でした。1週間でずれていく状態には、どうしようかと悩みました。

当時、先生から体内時計が25時間だとお聞きした上で、24時間のヘルパー派遣を依頼されました。それまでは、どちらかと言うとハード面でのサポートが中心で、すでにあったものを提供して、何か提案をするということがありませんでした。24時間のヘルパー派遣は、当時お願いできる事業所も少なく、なかなか先生のニーズに応えられるヘルパーが少なく苦慮していました。

何度も調整を働きかけ事業所を探しましたが、「時間が動いていく」「活動時間が短い」「活動区域が離れている」などの理由から、なかなか来てもらえませんでした。

その後、1週間ごとにケアの時間を変更するサービスを実現し、事業所を探して、25時間サイクルに合わせてやってきました。深夜3時に朝食を食べさせることもやりました。このようなサービスを受けることは、介護保険の限度額＊は超えていましたが、君ちゃんに身体障害者手帳が交付され、障害者自立支援でカバーしてもらえるようになったのです。

＊睡眠時間の推移

時間	0-3	4〜6	7〜9	10〜12	13〜15	16〜18	19〜21	22〜24
9月	○○●	●●●	●●●	○○○	○○○	○○○	○○○	○○○
10月前半	○○○	●●●	●●●	●○○	○○○	○○○	○○○	○○○
10月後半	○○○	●●●	●●●	●●●	○○○	○○○	○○○	○○○
11月前半	○○○	○●●	●●●	●●●	●○○	○○○	○○○	○○○
11月後半	○○○	○●●	●●●	●●●	●○○	○○○	○○○	○○○
12月前半	○○○	○○○	●●●	●●●	●●●	○○○	○○○	○○○
12月後半	○○○	○○○	○●●	●●●	●●●	○○○	○○○	○○○
1月前半	○○○	○○○	○●●	●●●	●●●	●●○	○○○	○○○
1月後半	○○○	○○○	○○○	○○○	●●●	●●●	○○○	○○○
2月前半	●●○	○○○	○○○	○○○	○●●	●●●	●○○	○○○
2月後半	●●●	○○○	○○○	○○○	○○○	●●●	●●●	●●●
時間	0-3	4〜6	7〜9	10〜12	13〜15	16〜18	19〜21	22〜24

第6章

ケアする側の思い

―認知症居宅介護研究会の報告から―

（2017年）

1　事業所（高野事務所）の思い

【高野事務所副所長・山田逸子さん】

（1）24年目のサービスの利用状況

24年目を迎えるにあたって、君ちゃんのケアで大切にしてきたことを振り返って見たいと思います。

２０１０年の前半までは、君ちゃんの睡眠リズムが綺麗に動いていたため、そのリズムに合わせて起きている時間にケアをするようにしてきたのですが、２０１０年10月からはそのリズムが乱れ、リズムを摑むことが難しくなったため、朝7時からケアを始める固定ケアに変わりました。２０１１年5月の時点では、朝7時スタートのケアと2番目のケアは変えず、排泄と睡眠による変化に応じて3、4、5番目のケアを微調整しながらやってきました。1番目と2番目のケアの時間を変えなかったのは、1番目に利尿剤を飲んでもらい、その1時間後には排尿があるため、2番目のケアも決まってくるからでした。２０１１年5月の3、4、5回目の時間は、14時、19時、０時でした。しかし、パットでの排泄があることで君ちゃんに合ったケアができていないと考え、13時、18時、０時に変更し、これがつい最近まで続きました。

けれども、２０１１年1月以降になって、君ちゃんが眠っているのを無理に起こしてケアをするケースが増えてきて、さらに便のリズムが動いてきていることが記録からわかってきました。ケアする側にも固定時間で入ることが当たり前のようになってしまったこともあり、便失禁が何度もあったり、大量の尿がパットに出てしまっているなど、時間の固定による支障が出てしまいました。このことから、もう一度睡眠と便のリズムを見直す必要があるのではないかと考え、0時を2時に変更してみました。今日で約1週間になりますが、0時に便失禁が繰り返されていたのが治まっています。

固定化すると、確かにヘルパーの訪問調整がし易くなりますが、利用者に見合ったものか疑わしくなるのも事実です。そのため、今は週2回、火・金曜日に訪問して、火曜日に水・木・金曜日、金曜日に土・日・月・火曜日のケア時間を確認しながらやっています。

(2) 君ちゃんの身体状況について

2年ほど前から、ご自分で歩くことはできなくなっていますが、まだ足に体重を載せ、先生に支えてもらって立位を取ることはできています。普通の人に比べると膝は曲がっていますが、体重を上手く載せられると抱えている先生も負担が軽いのです。また、車椅子からベッドに移乗するときも、両足に体重を載せて移乗すると、調子の良い時にはとても軽いのです。起きていらっしゃる時にケアをすることは、君ちゃんにもヘルパーにも負担を軽減することができます。

また、誤嚥を繰り返されることで、熱が37度台になることが時々あり、アイスノン（氷枕）で常に冷やして抑えている状況が続いています。現在は、往診での対応や吸痰の処置は、先生にしてもらっています。

（3）24年目の課題

一つ目の課題は、せん妄状態を如何に回避するかです。君ちゃんは、時折せん妄状態が出ますが、体を激しく動かされベッドから落ちるほどの状態です。おそらく発熱や排便などが原因であると予想されますが、本当のところはわかりません。先生が取っておられる統計からは、37度以上の時や排便があったときに起こることが多いようです。発熱への対処としては、アイスノンを頻回に交換するなどの処置をされています。交換はケアの時だけでなく、先生が全部されています。

二つ目は、睡眠のリズムをどのようにして摑むかです。これは、今後在宅ケアを続ける上での大きな課題になると思います。先ほどお話ししましたように、ケアの時間を変更はしていくのですが、先生もお休みになっているときがあり、そうした場合は君ちゃんの状態がわからないため、リズムの把握が難しい状況です。睡眠のリズムを観察するのは難しいことですが、起きている時にケアすることで、アガーの飲み込みも良くなり誤嚥も防げますし、排泄も上手くいきます。すべての体調の維持に繋がっていくことからも、睡眠のリズムを把握することは重要です。睡眠のリズムがはっきり把握できていないため、リズムがあるのか狂っているのか判断できませんが、排便は統計から見て確実に動いており、リズムがあります。

三つ目は、一番大きな課題は、サービスを提供する側から問題提起ができていないことです。今何が問題になっているかを把握して提案できる状況になっていません。24時間３６５日ケアに携わっておられる先生と、時間を区切って行く私達サービス提供者との間の格差を、どうしたら縮めていけるのかが今後の課題です。

四つ目は、ケアに関わるヘルパーをどう支えていくかということです。先生とうまくやり取りができるヘルパーとうまくケアができないヘルパーが、長いケアの中には出てきます。事業所としては、一人でも多くのヘルパーに君ちゃんと先生のケアに関わってほしいと思い、在宅相談員がヘルパーを調整して同行訪問しましたが、うまくいかずにケアの継続が難しくなることがありました。本来はヘルパーを調整してサービスを安定させていかないとならないのに、訪問できるヘルパーがいないために訪問できない、先生も受け入れが難しいというピンチが何度も訪れました。時には娘さんにもう1日訪問してもらえないかと、泣き言を言ったこともありました。

(4) ケアの基本と求められること

①先生(介護者)が嫌がられることはしない

先生は「笑顔だけでよい」と言われます。しかしそれはとても難しく、ヘルパーの気持ちやケアの質の問題もあり、どのように先生と話をしていくかはとても重要です。「ケアを楽しむこと」はヘルパーにとっても大切なことで、排泄ケアでは、排泄できてよかったという気持ちを共有できることでもあります。ただケアをこなすだけでなく、そのときの心配事を解決していく気持ちを持って臨むこと、解決したこと、上手くいったことを君ちゃん、先生とともに喜べることが重要です。

昨年5月にお話しさせていただいたときに、フルサポートのヘルパー達が、全員楽しくさせていただいていますとおっしゃっていました。これが先生のおっしゃることに繋がっているのだと思っています。

②ケアについて考え、新たな課題を解決していく

先生が今困っていることに、私達はまだ後手後手に回っています。これを率先して、困ったことを見出し提案できる状況はまだ作られていません。ヘルパーは、そのときのケアをするだけでなく、記録や先生の考えを読んで、先を予測する力も付けていかないといけません。そのことが、先生お一人で心配しなくてよい状況を作り出せるのだと思います。まだまだ期待通りのことができていないのですが、この1年はその努力をしてきたつもりです。

週2回できる限り、担当のケアマネジャーや相談員、チームマネージャーが訪問して、先生、君ちゃん、伸子さんとの関係づくりを大事にしてきました。24時間の中ではケアに入れない時間帯もあり、訪問する日も限られていて、まだまだわからない時間が多いわけです。そのギャップをケアチームとして仲間作りをすることで、少しでも埋めようとしてきました。

去年の春からこちらのケアマネジャーをしてきて、最近はほとんどのことが耳に入ってくるようになりました。もともと、ケアマネジャーとしての私は、ヘルパーや相談員からは、事務所にいて遠い存在の人だったそうです。ところが、ケアへの参加や週2回の訪問以外に、ヘルパーや相談員さん達からいろいろなことを連絡してもらえるようになりました。こちらの連絡帳の記録もさることながら、担当したヘルパー以外からも情報が入ってきます。つまり、皆が情報を共有しているということです。まだまだ十分ではありませんが、そういう連携がこの1年間に進んできて、それがあったからやってこられたとも思っています。

(5) 先生との関係

難しかったのは、先生との関係だったと思います。

先生は自分はすぐ忘れるとおっしゃいますが、判断もできるし、鮮明に覚えていらっしゃることもあるし、嫌なことは忘れません。先生ご自身は24時間365日君ちゃんと接しておられますから、先生に安心してもらえるようにするのは大変だったと思います。

ナイトの人は、訪問間隔が2週間以上空くこともあり、その間君ちゃんがどういう状況であったのか、先生が不安でさみしい思いをされていなかったかを理解し、安心感を持っていただくために、連携をして情報共有を徹底してくださったことは本当にありがたく、頼もしかったと思っています。ケアマネジャーとして、ナイトの方お一人にお話しすればすべての方に伝わっているということは、評価すべきことだと思います。

また、前川ヘルパーとは、電話やメールを通して、「今先生がこのように言われるのですが、どう思う?」と聞いたり、「今日は先生落ち込んではるし、頼むな」と伝えたりしています。このケアチームの中で、ケアマネジャーとしての役割にとらわれず、枠を飛び出していかないとだめだと思い、ヘルパーや相談員の思いを理解するように努めてきたつもりです。

ケアマネジャーとしての私がヘルパーにとって遠い存在だったのを、いろいろ話せる身近な存在にしてくれたのは、相談員のおかげだと思っています。そして、私から言い出したのではなく、現場のヘルパーから「チーム谷口」だと言ってくれたのは、とても頼もしいことだと思っています。

【サービス提供責任者・南暢子さん】

ヘルパーを支える責任者の思い

私が担当し始めた頃は、ケアマネジャーさんとの連携が上手くいかず、先生や現場のヘルパーの時々の悩みをどう解決していってよいのかわからず、考えあぐねながら前に進んできました。

週間スケジュールを見ていただくと分かるように、1回目のケアから3回目までは高野事務所が担当していますが、ただ何となく担当ヘルパーを当てはめているのではなく、1回目は先生とのバランスを考え、2回目には自分が入って先生とお話をして、3回目には少し癒やされる人を入れるなどと考えながら、先生が1日本当に良かったと思えるようなスケジュールを作成しています。以前は、ケアリーダーと言われる経験豊富なヘルパーも活動されていたのですが、先生と関係が取りづらくなって、活動できるヘルパーも限られてきました。

先生は、私たち職員がパートヘルパーに対してぞんざいに扱っているのではないかと言われます。私自身はそのようなことはないと思っていたのですが、時々ケアに入らせてもらって、ヘルパーに任せすぎて連携が取れていない部分があると感じ、私が利用者とヘルパーの間に入る重要性を知りました。

先生の所のケアは、今日1日良かった、上手くいったと思うと、次の日はどん底に突き落とされるような状況があり、毎日訪問しないと状況もよくわかりません。1日休んで次の日になると新たに違うことが起こっている状況でした。

何かあればヘルパーから連絡をもらえるようにはしているのですが、先生からは重ねてヘルパーと綿密に連絡をとってやってほしいと言われます。

ヘルパーを孤立させないためにどうしていくか、利用者もヘルパーも笑顔になれるにはどうすればよいか、それが今の私の課題です。そして、君ちゃんの活動の中で、ヘルパーと利用者が心の通い合う関係を作り出していくための努力を重ねていきたいと思います。

【高野事務所副所長・山田逸子さん】

（1）この1年間を振り返り、24年目のケア継続に向けて

一つ目は、24時間ケアを続けるにあたり、訪問したヘルパーの協力も得て、君ちゃんや先生の状況をどう観察していけばよいかが当面の課題です。

二つ目は、これは谷口さんのケースに留まらず、永遠の課題だと思うのですが、たとえヘルパーが交代しても同じケアを続けていくにはどうすればよいかです。継続していくことはとても大事なことですが、一人ではやっていけません。どこを原点にして、どこに共感してやっていくのかをぶれないようにすれば、やっていけるのではないかと思います。現実には、同じ法人の中でもいろいろな意見があります。なぜ、相談員やケアマネジャーが週2回も行くのかという疑問も投げかけられます。利用者さんの要望を叶えるだけでなく、いろいろ異なった意見のスタッフをどうまとめて力にしていくかを考えていかないと、安定的な継続したケアは提供できないと思います。

同調してくれる人だけでやっているだけでは、この研究会からケアモデルを発信していくことはできないと思います。どの目線でケアサービスを始めるかが違うと、ケアサービスのあり方が違ってく

るのです。やはり利用者目線で始めていけば、共感してくれる人も増えてくるのではないでしょうか。役所目線の原則重視でやれば、違う意見も出てきます。

23年目に入ったときに、今まで来ていた人が来られなくなり、仲間作りをしないといけないと思いました。この1年間で、先生のケアに入っている人を含めて、仲間作りはできてきたのではないかと思います。

しかし、新たな仲間も作っていかなければいけませんし、私達は何のためにケアをしていくのか、やりがいとは何なのか、利用者さんとの関係作りとは何なのか、ヘルパーとは何なのかを、もう一度考えていくことで、また新たな1年が24年目に生まれるのではないか、また、生んでいかないといけないと思っています。

(2) 看取りを終えて

この研究会では、初めての人にも「ピンチはチャンス」「笑顔の中身」が伝わるようにしたいと考えています。先生は、「利用者はケアに入る人がどのような理念でいるかを感じ取ることができる。その食い違いを感じてしまうと、その後どんなに言葉を尽くしても受け入れられなくなってしまう」と言われます。「利用者にとってのピンチを同じようにピンチだと捉えられる人が笑顔のある人だ」

とも言われます。

事業者は最低限誰かが訪問することが大切なことと考えがちですが、利用者側としては、最低限自分たちに合う人が条件になり、ギャップが生まれます。このギャップをどう解決していくのかを考えることは研究会の課題だと思います。

京都福祉サービス協会は「24時間365日を支えるケア」を目指しているのですが、君ちゃんのケースではこの24時間365日を支えることがいかに大変か、在宅で看取っていくことに対してケアの提供者側にも覚悟が必要だと考えさせられました。ピンチを支えるため、どんな時間帯でもヘルパーを派遣するために、早出をして準備をしてくれるスタッフの陰の努力にも頭が下がる思いでした。

これまでやってきたことは、ある意味格闘であり、格闘しなければやってこれなかったことでもありました。最後は皆で関わろう、支えてやっていこうと思えたという報告を聞いて、格闘したからできたことであり、格闘から逃げては成し遂げられなかったことだと思いました。利用者とひるまずに面と向かって、言わなければならないことや、やらなければならないことを言い合ったことで、在宅で看取ることを成し遂げたのではないかと考えます。

【高野事務所所長・藤本敏朗さん】

研究会のまとめ

サービス協会が、在宅サービスでの本格的な24時間対応をめざし、夜間対応型訪問介護サービスをスタートさせてから、組織のケアの質・量が高まり、在宅介護の可能性は大きく広がりを見ることができるようになりました。ナイトケアセンターで働く職員のケアへの意識は高く、高野事務所所属のヘルパーとの連携を強めながら、君ちゃんのケアを完結することができました。

この大きな経験を通して学んだことを振り返る中から、君ちゃんのケアを一つの「認知症ケアモデル」として普遍化し、今後の認知症ケアへの取り組みに力を注いでいきたいと思います。

特に認知症ケアについては、制度の中だけで考えていると将来展望が見えにくくなることも多々出てきます。社会福祉法人の事業所としては、ご本人・ご家族から提起されてくる様々な課題の解決に向けて、インフォーマルなサービスも含めて、可能な限りの支援の仕組みを創り出していくことが求められています。認知症になっても、在宅で生き生きとした暮らしを実現していくために、事業所としての挑戦をこれからも続けていきたいと思っています。

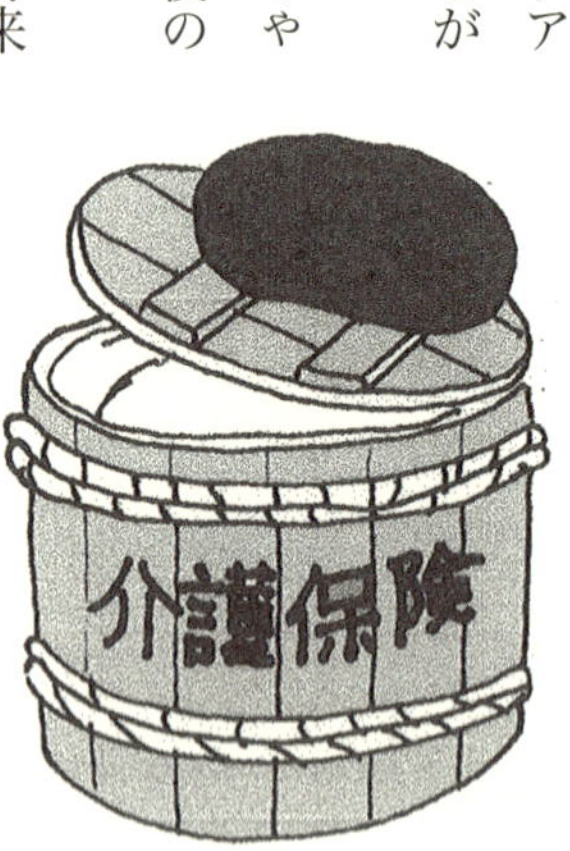

2　ナイトケアセンターの思い

【ナイトケアセンター南センター長・土本トミ子さん】

現場を担当するヘルパーの思いについて

先生はいつも「これまでしてきた自分の介護は失敗とピンチの連続だ」とお話しされていましたが、ヘルパーのほうも同じだったと思います。ナイトケアセンターのフルサポートヘルパーが一番感じていたことは、先生の思っていることと君ちゃんが思っていることは一緒なのか、ということです。最後まで君ちゃんからはお聞きすることはできなかったのですが、認知症で寝たきり状態になっていても、口から食べて、トイレで排泄するという、単純だけれど人間として生まれてきて当たり前のことを亡くなる時まで続けてこられたことはすごいことだったと思います。

２０１２年5月までの間に君ちゃんのケアに関わらせていただいた中で、一番印象に残っていて、今後の判断基準になったことがあります。それは、ある研究会の講演で講師がお話しされた中で、「相手にとっての当然と私たちにとっての当然が一致せずに上手くいかない場合がピンチ、ピンチは相手側と自分の当然が一致していないことを教えてくれるチャンス、それに気づくことが新しい当然（新しい介護）を生み出してくれる」というお話です。

ケアをする側とケアをされる側の当然は本当に一緒なのか、サービスを提供するにあたって常に意識するようにしています。ついつい事業所の都合や介護制度の側からみて形にはめようとしてしまいがちですが、縛られているのは私たち事業所側ではないか、視点を変えて自分だったらどういう介護が受けたいか、どうしてほしいかを考えることで、たとえ利用者の希望がすべてはかなえられなくても、歩み寄れるのではないかと思っています。

今年で夜間訪問介護を始めて4年目になります。夜間対応型訪問介護は、あくまでも巡回介護です。定期巡回だけでなく、夜間の緊急対応も大きな役割です。制度上滞在型介護はしてはいけないなどの時間上の制約は何もありません。必要であれば時間をかけてしてもよいと思います。しかし、残念ながら、人材不足という事情があります。定期訪問の時間にきちんと訪問できなかったり、お断りしたり、随時訪問ができなかったりしています。

君ちゃんがご利用され始めた頃は、京都の夜間対応型訪問介護事業所は小川で4か所目でした。ケアマネジャーや一般市民の方もあまりご存じありませんでした。夜間対応型訪問介護事業も全国的に成功している所は少なく、京都はまだが成功しているほうだと思います。

これから団塊の世代が高齢化して、地域包括ケアを推進していく中で、在宅で最期を迎えられる方が増えると思いますが、24時間365日のサービスがなければ支えることはできません。夜間対応型だけでも夜間を支えることはできないと思います。君ちゃんのように最後まで在宅で尊厳のある暮らしをするためには、介護する側、される側が同じほうを見て、失敗をチャンスにできるよう、心を同じくしていくような介護の在り方を目指さないといけないと思いますし、そのことが当然だと考えるなら、今からでも24時間365日の介護を実践していくべきだと考えます。

ナイトをはじめ高野事務所や他の事業所の方々が、思い悩みながら介護を実践してきたことは事実であり、誇りだと思っています。

君ちゃんのケアは終わりましたが、先生の人生はこれからです。認知症のケアも日々新しくなっています。24年間の介後の実践をこれからの認知症ケアに向けて役立ててもらえたらいいなと願っております。

【ナイトケアセンター小川センター長・福井治子さん】

（1）最初の関わりから

君ちゃんとの関わりは２００３年の６月９日から相談員（サービス提供責任者）として始まりました。その後、先生が病院を退職され、君ちゃん、先生、ヘルパーの三人で家の前の遊歩道をよく散歩されていて、ゆったりした時間が流れていたのを覚えております。その頃先生は「この人は記憶がなくなっていくのだよ。だんだん子供に戻っていくのだ。嫌なことや嬉しいことの意思表示はできる」とおっしゃっていました。

私は最初、認知症とは「記憶がぼろぼろ抜け落ちていって、感情のコントロールができなくなる。相手に合わせることが難しくなる」病気なのだと思っていました。人間はときには、嫌なことを嫌と言えず、泣きたいときに我慢したりして理性で抑えてしまい、なかなか素直な感情を表すことができないのですが、認知症になると要らないものが削ぎ落とされて純粋な感情が残っていくのだと感じました。

当時先生からは、サービス協会は19時から朝の7時半まではなぜヘルパーの派遣をできないのかとのお申し出がありましたが、ヘルパーを継続して派遣できないこともありました。私個人としてはどうしたらよいか困ったことも多々ありました。先生がおっしゃる「ピンチはチャンス」を実行しようと努力しましたが、なかなか受け入れてもらえませんでした。その後ケアマネジャーとなり、君ちゃんの担当から外れましたが、当時のケアマネジャー達からは君ちゃんのご様子や先生からのケアマネジャーに対する要望も聞いておりました。夜間のヘルパーに苦労されているときに、ケアマネジャーが片っ端から事業所に連絡して探しているピンチの様子や、「ない袖は振れない」と嘆いていたのも思い出します。

また、先生の君ちゃんに対するケアにはとても頭が下がるのですが、ヘルパーとのトラブルも増えていき、どうしようもないと思ったこともあります。君ちゃんが大事なのか、君ちゃんのケアが大事なのかわからなくなったこともあります。

ナイトケアセンター小川が発足したときは、これでなんとかなるとホッと胸を撫で下ろしたものです。しかし当初は、先生の思っていらした君ちゃんの体内時計25時間に沿ったケアのイメージとナイトケアセンターのケアがそぐわないこともあり、ケアマネジャーは苦労しておりました。そして、２０１２年６月から再びナイトケアセンター小川のセンター長として君ちゃんのケアに携わることとなりました。久しぶりにお二人にお目にかかり、先生は一回り小さくなられお年を召されたと感じ、君ちゃんは私の存じ上げていたころのソファに座られておられたお姿ではなく、ベッドに横になられていました。

高野事務所の頃にも、君ちゃんのケアについて話さない日はなかったのですが、ナイトケアセンターに移ってからも、ヘルパーから君ちゃんの話を聞かない日は全くなく、それ程真剣に君ちゃんのケアを考えているという印象でした。先生は、花よりきれいな三人娘（池内、三芳、谷の３名のヘルパー）の話を何度も繰り返しおっしゃって、ヘルパー達を褒めて下さるかと思えば、非常に感情的になって君ちゃんに手を挙げられそうになった時に止めに入ったヘルパーにつらくあたられるようなこともありました。その都度ヘルパーの涙を何度見たかわかりません。

ケアの内容も、時間のとり方やヘルパーの身体的負担など、本来の夜間対応型のケアにそぐわないことも多くありました。

もちろんケアの中や先生との会話の中で、楽しいことや発見できることも沢山ありましたが、大変でつらいこともあり、それを聞いてもらいたいと思っているヘルパーの姿も多く目にしました。もしかしたら、私の見る目にそういう姿が定着してイメージを抱いてしまったのかもしれません。

(2) ナイトケアセンターが小川と南に分かれて

その後1年たってナイトケアセンター南が開設され、今まで君ちゃんを担当していた職員ヘルパーが半分に減り、小川にいるヘルパー全員が君ちゃんのケアに関わる状況になりました。残念ながら全員が上手くいく者ばかりではなかったので、やりくりには苦労しました。

ヘルパーの人数が半分に減ったときは、、どうやってケアを続けていくのか不安を抱き、ピンチだと感じていましたが、先生もそれ以上にピンチだと感じていらしたと思います。今から思えば、ケアを提供する側の不安感より、ケアを受ける側が、それまでいろいろな話し合いや工夫を通してやってきたケアを提供してもらえなくなるという不安感、危機感のほうがより強かったと思います。職員ヘルパーだけでなく契約ヘルパーが伺うことになり、当初は先生と上手くいかなくて苦労している場面も何回かありましたが、残された職員ヘルパーの頑張りや、先生の我慢、高野事務所のヘルパーの助けもあって、やっとピンチはチャンスになったと思いました。

先生からは「次に繋がるケアのために、失敗を楽しめるヘルパーさんになってほしい」と言われていましたが、新しい契約ヘルパーの中には、先輩ヘルパーからいろいろ聞かされてこちこちに緊張して、とても笑顔で失敗を楽しめる状態ではない人もおりました。それに追い打ちをかけるように、先生から苦情を言われて帰ってくることもあったという報告も受けておりました。

私自身は、先生もヘルパーもピンチでしんどい中、ポータブルに座っている君ちゃんは何を思っているのかなあと考えました。君ちゃんのケアについて、ヘルパー達の中でも賛否両論があり、センターの中の空気が重たくなった時もありました。90歳近い先生が一生懸命ケアをし、睡眠も十分とれず、君ちゃんの体調も思わしくなくなった頃から二人ケアが開始され、今までケアに入れなかったヘルパーも全員ケアに入らせてもらうようになり、ナイトセンター全体が先生と君ちゃんを支えていこうという雰囲気に変わっていきました。

そして2013年6月27日早朝、ナイトケアセンターのヘルパーが訪問している時に、先生に見守られながら君ちゃんはご逝去されました。最後まで、食べて出しての人としての営みを全うされました。

(3) 在宅で看取る覚悟

アルツハイマー型認知症の人の介護を10年間、遠くで、時には近くで関わらせていただきました。先生はサービス協会の在宅ケアを続けることにこだわっておられました。このことはヘルパーのみならず、さまざまな方面の沢山の支援する力があって実現できたことだと思います。それ以上に家族の覚悟もあったからこそ、最後まで在宅で看取ることができたと思っています。

在宅で看取ることは、ご本人の頑張りと家族の覚悟が土台となり、それをヘルパーなどの支援者が支えて日々の生活を継続し、終息に向かっていくことだと思います。私自身は、君ちゃんのケアに最後まで立ち会わせてもらうことができたことで、ご利用者が在宅で看取ることを希望されるのであれば、それを実現するためにこの仕事をしているのかなと改めて思いました。

死に向かっている人を看ていくのはとても辛くしんどいことだと思うのですが、それを経験しないと最期を迎える覚悟ができないのかもしれません。今になってわかることなのですが、在宅で最期を迎える覚悟をされていたのは先生と娘さんだったと思います。特に娘さんはずっと週2回来ていらっしゃいましたが、ナイトの中ではこんな状態になっていたら、もっと来るべきではないかという意見もありました。私自身は娘さんにお伺いしたとき、支援者が来られなくなったらいつでも来るつもりだとお聞きして安心しました。また先生や君ちゃんお二人のことを、私たちが考えている以上に考えていらっしゃると感じることができました。

(4) 君ちゃんのケアを通して感じたこと、学んだこと

君ちゃんがお亡くなりになる前は、ナイトケアセンターの中でも、先生が君ちゃんをどのようにしたいのかわからないという意見もありましたが、最期は自然に任せるという判断をされていました。君ちゃんは口から食事をとり、座って排泄する生活を毎日絶やすことなく続けられて、24年間という月日が流れていったのだと思いました。そこに関わるヘルパーが先生と歩調が合わず、顔色を伺いながらびくびくし、それでも君ちゃんのために一生懸命向き合おうとしていたことを先生はわかって下さっていたのだと思っています。君ちゃんのケアが先生の生きがいになっていたのだとも感じ、もしかしたらヘルパーは、君ちゃんではなく先生を支えていたのだとも考えました。

長い期間ではありますが、訪問できるヘルパーとできないヘルパーがいる中で、こんなケアをしていて良いのか、こんなに時間をかけて良いのかというような賛否両論がありました。個人としてはいろいろな思いがあったのですが、そんな中で先生も最初は仕方ないと思いつつも新しい人を受け入れて下さるようになり、三芳さんはじめ古いヘルパーたちが苦労して何度も引き継ぎをしてくれ、ケアの方法を伝えていきました。私としては、上手くいく人とそうでない人との差があり、男性ヘルパーを含め全員を受け入れて下さるとは思っていませんでした。けれども、君ちゃんの体調が優れず、先生の負担が大きくなって睡眠が取れなくなり、先生のしてきたケアができなくなったために任せてもらえるようになりました。任せてもらえたことで、皆がチームとして支えなければいけないという気持ちになったのだと思います。自分で動くことができなくなり、自分で意思を伝えることができなくなる人を介護している人は、その方の思いをしっかりくみ取る努力をしなければ、介護者側の気持ちを一方的に押しつけてしまうのではとの危惧も感じていました。

今日は自分の感情のおもむくままにお話ししてしまい、失礼があったかもしれません。本当に申し訳ありませんでした。今日職員やヘルパーと話をしていたのですが、君ちゃんはきっと先生のすることを全部受け入れ、これで良いのだとおっしゃるだろうと思いました。

君ちゃんがお亡くなりになった後訪問したときに、先生の医師時代の昔の本を見せてもらいました。そこには在宅ケアのことが書かれていて、もう少し早くそれを目にしていたら、私自身の考え方も変わっていたかもしれません。また、ケアをしていく上で、記録を取ることの大切さも実感し教えてもらいました。

今日はこれまで関わってこられたヘルパーさんたちで出席できない人もいますが、ここに来るにあたり話を聞いてきました。お仕事のつらさなど、ネガティブな反応が多いのではと思っていましたが、全員が先生はよく頑張られ、ご苦労様でしたと申しておりました。そして、これからは先生自身の人生をエンジョイして下さいというメッセージをもらいました。

3　新人ヘルパーの思い

【高野事務所・高倉明美ヘルパー】

（1）出会い

２０１１年4月、ヘルパー2級研修＊を受けヘルパーの資格を取得しました。京都福祉サービス協会のヘルパーとして採用され、「どんな仕事が来るのか、どんな方に出会えるのか」期待と不安に胸を膨らませていた頃、あるご利用者の同行訪問時、南相談員に出会いました。程なくして、担当の相談員から、新規の仕事の依頼がありました。「特別なご利用者」という説明があり、ヘルパー経験2か月、実務経験ほぼゼロの私に一体何ができるのだろうかと思いましたが、話を聞いているうちに、とりあえずやってみようという気持ちになりました。

その後、たまたま書類提出にいった時、ナイトケアセンターの三人娘のうちの、南相談員、大坂ヘルパーが、君ちゃんのケアについて話しておられました。聞いていてもさっぱり理解できませんでしたが、皆さんが一生懸命関わっておられること、仲の良さ、色々なことを共有しておられることは感じ取ることができました。

先生との初顔合わせの日は、とても緊張して訪問したのを覚えています。「24年も奥様の介護をしておられる、元お医者様」と何を話してよいのやら、粗相のないようにと固まっていました。お会いすると「とても上品で穏やかなおじい様」という印象で、私の顔はあまり見てくださらず、私の履歴書（だったかな?）の写真を見て「美人だなあ」と少しシャイな一面もあると知り、緊張もほぐれました。先生からは「とりあえず笑顔だけでいい」と言われ「それならば」と軽くお受けし、谷口家の訪問の日々が始まりました。

(2) 訪問開始

初回訪問、まずは三人娘の一人、谷ヘルパーに同行しました。流れるようにケアが進んでいき、圧倒され「このケアを一人でするの?」と不安になりました。それから、三人娘を中心に何度か同行してもらい、少しずつ自信をつけていきました。

先生との関わり方も大変勉強になりました。冗談を言ったり、色々な話をしておられるのですが、ケアの中身はしっかりと伝え、提案されているのを聞いて、ヘルパーのプロであることを感じました。

同行訪問を重ねて、そろそろ一人立ちという頃、ヘルパーとして訪問を始めて最初のピンチが訪れました。排泄介助中、初めて排尿・排便のツボ押しをしました。その時の体勢が悪かったのか、排泄前に食べられたアガーが詰まったのか、突然君ちゃんがショック状態になられ、嘔吐・便失禁、お顔も蒼白、白目をむかれ痙攣しておられました。私は何もできず、ただオロオロするだけでした。同行していた池内ヘルパーがテキパキと介助し、担当相談員も先生のフォローとすばやい判断で動いてくださいました。奇跡的に君ちゃんは回復され、また続けてケアに入らせていただく喜びを味わいました。このことで改めて「介護職とは命に関わってしまうこともあるけれど、その覚悟はあるのか？」と君ちゃんが身をもって問うて下さったように思いました。

(3) 連携

君ちゃんのケアで素晴らしいと感じたことは、なんと言っても連携です。

①ノートでの連携

自分の訪問前、数日間の君ちゃんの体調、先生の様子、ケアの中身、ヘルパーの思い・悔しさ、その時の文面や文字でノートを読めば、手にとるようにヘルパーの気持ちが伝わってきました。ノートには色々な情報が詰まっていました。

②電話での連携

毎日のように、昼夜を問わず、副所長や南相談員と電話で話していたように思います。ケア前に連絡をもらいケア後には報告すると、副所長、南相談員はいつも肌身離さず携帯電話を持っていてくださったと思います。「ありがとう、お疲れ様」と言っていただくと、ほっと安心して帰路につくことができました。

③先輩ヘルパーとの連携

君ちゃんのケアで初期の頃に関わっていた先輩ヘルパーが、今度は先生の調理等で訪問して下さいました。先輩ヘルパーから君ちゃんが元気な頃の様子、君ちゃんの人柄、趣味、好みのお話を聞いて、色々と想像して楽しんでいました。また、先輩ヘルパーと先生とのやり取りを見ていても楽しく、君ちゃんのケアの歴史を感じることがありました。

④副所長、相談員もケアに入ってくださる

とても大きな安心でした。何でも話せ、共有できたことは大変ありがたいことでした。

(4)最大のピンチ

楽しく穏やかな日々が続く中、最大のピンチが訪れました。ナイトケアセンターの三人娘(池内、三好、谷の3名のヘルパー)の人事異動ということで、徐々にケアに来られなくなり、先生にも徐々に変化が起こりました。

・三人娘がいなくなる寂しさや不安。
・体力的な疲れ、物忘れの進行。
・新しいヘルパーの顔が覚えられない。その都度説明しなければならない。
・質問責めに合うと混乱し戸惑う。
・ヘルパーが敵に見える。
・自分の感情が抑えられない。

新しいヘルパーが一生懸命すればするほど、先生は苛立ち「笑顔がない、失敗を楽しんでいない」と君ちゃんに暴力をふるわれることもありました。三人娘の存在が大きすぎて、「三人娘を返して欲しい」と叫び続けられました。ヘルパーはどうすることもできず、日々の活動を必死で続けました。

(5) 小さなチャンス

そんな悲しく辛い日々の中でも、色々なことが起こりました。

あるヘルパーがシャワー浴になった時のこと、そのヘルパーなりに一生懸命に笑顔で前向きな介助ができ、先生との距離が縮まり、先生とヘルパーの喜びになったそうです。またあるヘルパーは、ツボ押しで尿量が300ミリリトルを越えた時、感激して舞い踊り、それを見た先生もとても嬉しかったそうです。いろんなヘルパーが先生と一緒に、君ちゃんの立たせ方を研究し、上手くいった時、いかなかった時、先生と気持ちを分かち合い、素敵な時を共有しました。ノートではヘルパー間でツボ押し自慢、立たせ方自慢、尿量や便量に一喜一憂し、先生と楽しみ、皆が三人娘の穴を埋めようと必死に関わってきました。そんな小さな喜び、チャンスの積み重ねで、徐々に先生の喜びが増えていったように思います。

(6) 一つだけ心のしこり

それは、君ちゃんがこのケアをどう思っておられたかということです。君ちゃんには決定権がなかったけれど、「これで良かったのか?」ということが時々心によぎりました。でも、ケアの時には考えないようにしていました。24年もの長い間、先生・ご家族、たくさんの協力者、たくさんのヘルパーが繋いでくれたこのケアを私も繋いでいくしかないと思いました。

私が君ちゃんのケアから得たものは計り知れません。君ちゃんのケアをしていて「学べるものは何でも学びなさい」と感じさせる君ちゃんの懐の広さ深さを感じました。介護の仕事の楽しさ、辛さ、色々なことを凝縮して教えていただいたと思います。また、色々な出会いを与えてくださいました。君ちゃんのケアに入らなければ、これだけの人との出会いや深い関わりを持つことは無かったと思います。君ちゃんは私たちのために生きてくださったと思っています。

(7) ヘルパーはご利用者のパートナー

ヘルパー講習で心に残っている言葉があります。「ヘルパーとは、そのご利用者の人生の最後に出会う数少ない人である」と教えていただきました。

私はまだ、ヘルパーとしての経験は3年ほどで短いですが、何人ものご利用者とのお別れがありました。数日前にはお元気で、笑って話しておられた方と突然のお別れということもありました。たとえ週1回1時間の活動だったとしても、そのご利用者にとっては大切な貴重な時間なのだから、その時間はご利用者にとって最善のことを考え、少しでも温かな気持ちになってもらいたいと思いました。また、先輩ヘルパーに同行させていただいた時、先輩ヘルパーは意識的ではなく自然にですが、時には娘のようだったり、孫のようだったり、友人のようであったりします。そんなヘルパーに触れるとご利用者からは笑みがこぼれ、ほんわかとした温かい空気に包まれます。見ていた私も温かくなりました。

それから先生が前川ヘルパーのことを「あの人が来ると一つ灯りが増えたようだ」とおっしゃいま

した。とても素敵で、ヘルパー冥利に尽きる言葉だと思います。

私もこれから何人のご利用者と出会えるか分かりませんが、「心に灯りをともすケア」そんなケアができるヘルパーになりたいと思います。

4 社会福祉法人・京都福祉サービス協会として

【居宅本部長・宮路博さん】

私は二十数年前、君子さんへのヘルパー派遣が開始された頃は、現場の主任をしておりまして、相談員からの多数の相談事で関わっていた記憶があります。いつも先生からの相談内容は、一筋縄では解けない難問であったことを覚えています。特に、要望や指摘は、それまで前例のないことが多く、組織側ですぐには判断がしづらく、やってみて途中で投げ出すようなことにならないだろうか、ヘルパー側の事故リスクが高まらないだろうか、職員が燃え尽きてしまわないだろうかと悩みました。結果的には関わる職員が前向きでたくましく助けられることの方が多かったと思います。私の立場からは、現場がやることを見守るという形を取り、ある意味無責任なことをしてきたかもしれません。でも、今思うことは、ケアの可能性を探るということが大切であり、積極的に試行錯誤をしながらやっていかないと本当の意味で覚悟のある介護には寄り添えないなということです。

君子さんのような、若年からの認知症ケアであった利用者への訪問は前例がなく、ヘルパーの関わり方は模索の連続でした。ある意味実験的なケアだったかもしれません。本来の自然な君子さんらしさを探りながら、状況に応じてヘルパーがあれこれアプローチを変えて関わっていることは、大げさですが涙ぐましく〝ヘルパー精神〟とも言うべき執念を感じました。

これまで担当されたヘルパーの関わってきた経過を改めてふり返ってみると、ヘルパー業務をワンパターン（同一手順）でこなしてしまうような、単に利用者のお手伝いをするのみというヘルパーは居ないように思いました。全員が利用者の考え、思いをその都度真正面から受け止め、状況と状態をしっかり観察し見極め、ケアのあり方を考え、可能性を信じ、想像力を発揮して、戸惑いながらも必要に応じて何らかの提案をしています。

私は、ヘルパーの本来のあり方として、ヘルパーが利用者の身の周りの生活ケア全てをやってしまう代行型ではなく、あくまでも利用者や家族が主人公であり、利用者の自立支援と意思を最大限尊重し、それに寄り添う提案型であるべきだと考えています。今回は本当にそのことをやってのけたと思っています。誇らしい限りです。

君子さんの介護が最も厳しい終末に近い時期、先生から私に直接三人娘（池永ヘルパー、三芳ヘルパー、谷ヘルパー）を元に返してほしいと言われた時には、在宅介護の限界かと感じ、この先どうなることかと心配したのですが、ほぼ全員がチームとして先生と協調して見事に乗り切り、最期までご家族を支えることができました。とても嬉しく思い、満足しています。組織としても達成感のようなものを感じています。

私自身は、君子さんのような状況の利用者の覚悟に添うことは限界があるだろうと考えていました。谷口先生から相談がくるたびに、どこかで入院入所を考える時が来ると思っていました。しかし、それは杞憂でした。いかなる事態が起きても、職員とヘルパーチームと先生が一丸となり、信念を貫きながらやりきりました。

ヘルパーの可能性を引き出してくれた担当職員の頑張り、それを見守ってきた管理者にも頭が下がる思いでいっぱいです。当然、そこには家族の思い、先生の執念があってこそなのですが。

君子さんに関わらせてもらったヘルパーは、皆、利用者の覚悟に向き合うことを学んだことと思います。本当に貴重な経験をさせてもらい、組織、職員、ヘルパーともに育ててもらいました。本当にありがとうございました。

終　章　おわりに──利用者の本音と願い

1　家族（娘・三好伸子さん）の思い

（1）介護の手助けを続けられた理由（わけ）

私は、最初に母の見守りの依頼を受けたとき、とにかく手伝いに行かなければ、助けてあげなくてはとの思いだけで訪問しました。実際に通いだしてから、母の病気の深刻さを知りました。母の病気を客観的にとらえられるようになったのは、３、４年経った頃からだと思います。それまでは、元気な時と同様に、母に対して厳しいことを言っていました。今から考えると、随分辛く当たっていたと思います。それでも、険悪な関係にならず続けてこられたのは、母の人柄と娘に対する愛情のおかげかもしれません。

そしてもう一つには、私の家族が母の介護に訪問することを快く許してくれたことだと思っています。まず夫が承諾してくれ、子供たちも当時8歳と9歳で、おそらく本当のところはよくわかっていなかったと思いますが、了解してくれました。

ただ、私が留守にするようになって、子供たちには変化がありました。特に下の子は、下校してから遊びに行かなくなり、私が帰るのを玄関で待っていることがありました。また、登校してから気分が悪くなって、保健室で休むことも時々ありました。

私は、ここに来ることは仕事を続けながら子育てをするのと同じ状況と考え、乗り切っていこうと思いました。父も私の家族を第一に考えて欲しいと言ってくれましたので、子供の病気や学校の行事の時は、父が仕事を休むかヘルパーさんに時間延長してもらい、訪問を休みました。今日まで続けてこられたのは、無理をしないように父が配慮してくれたからと思っています。周りの人々に恵まれ、助けられながら、気負わず続けてこられたのだと思います。

(2) ヘルパーさんの労いと褒め言葉に支えられ

失敗して、もっとこうすれば良かったと後悔することはいっぱいありましたが、やめたいと思ったことはありません。それは、その時助けてくれたヘルパーさんと父のおかげだと思っています。私が一人で背負ってしまうことがないように、常に配慮してくれました。ヘルパーさんは会う度に私に労いと褒める言葉をかけてくれました。また、父は、いつでもやめていいと言ってくれ、その日あったことをいつも聞いてくれて、「大変だったね」と労ってくれていました。

（3）失敗してから対処方法を積み重ねる

私は、失敗してから対処方法を考えていましたので、防ぐ方法までは考えられませんでした。ただ、私が入浴を共にし始めた理由は、父が無理に入浴をさせることによって、母との関係が悪くならないようにするためでもありました。やむを得ず入浴をさせることは私の役目だと思いました。しかし、実際に無理強いはするべきではないし、できることでもありません。

（4）在宅での看取り、ヘルパーと共に

最初に、母の介護を24年間在宅で続けることができ、看取ることができたのは、ひとえにヘルパーさんのおかげだと感謝しております。特にナイトの方が来られてからの3年間は、家族以上に悩みを共有していただき、父も心の内を隠すことなく皆さんにお話しすることができ、そこから新しい希望の光を見出し進むことができました。

私たち家族は、あたたかい笑顔のケアのお陰で、挫折することなく最後まで母を介護できました。特に現場のヘルパーさんたちは父の悩みを受け止めてくださり、それを事業所で話し合い、ナイトケアセンターの土本さんや福井さんたちが工夫して派遣して下さいました。娘以上に親身になって接し

て下さったと本当に感謝しております。ありがとうございました。

2　先生（夫・谷口政春さん）の思い

（1）2008年の思い―ホームページより

20年間、失敗、失敗。ピンチ、ピンチを繰り返しながら、その都度多くの人々との深い愛に支えられ、「居宅介護一筋に」「今日一日を共に暮らす」ことができました。

失敗、失敗。ピンチ、ピンチはチャンスの始まり。これは20年間の介護体験から学んだ教訓です。新たに支えてくれる「天使のようなヘルパー」さんとの出会い。従来と違った「新しいケアモデル」の発見。お陰で失敗、失敗。ピンチ、ピンチを乗り越えた「楽しく、明るく、生き生き」とした暮らしを満喫してきました。

今またこの1年、「夜間、深夜、早朝」を支えてくれるヘルパーさんがいないピンチが続いています。ヘルパーさんを派遣してくださいとの要望を繰り返していても「チャンス」が訪れないことを悟りました。「チャンス」を呼び寄せるために新しい挑戦に、思いを託することにしました。

在宅介護を続けるには、24時間365日のサービスが必要です。しかしながら、新しい事業所からヘルパーが訪問するよう

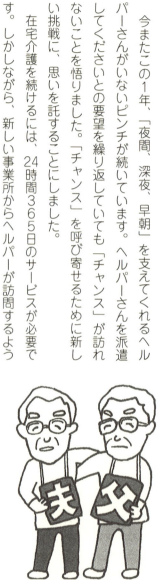

になっても、明日から行けないとか1回だけで終了するというようなことが、ナイトケアセンター小川ができるまで続きました。

国は24時間365日の体制作りを提唱しますが、実際にはサービスを提供できる事業所がないという時代です。これで夜間のサービスも受けられる、安心できると思った瞬間にサービスが無くなるという、利用者からすれば暗黒の時代でした。一体どこに問題があるのでしょうか。夜間に働くヘルパーがいないという人材確保の問題、事業所運営を継続させていくための国の支援の問題、介護を取り巻く環境が整わないと24時間365日は机上の空論となってしまうということです。

私は認知症になっても、在宅で生き生きと安心して暮らしていくために、これまでヘルパーと築いてきた介護経験を、これからの認知症の人の介護に活かしてほしいとの思いで、認知症居宅介護研究所を立ち上げることを思い立ちました。

NPO法人　認知症居宅介護研究所について

設立の趣旨（2008年）

私は84歳、認知症の妻は83歳。

在宅でともに暮らす道を選択。居宅介護を20年続けてきました。振り返ると認知症の持つ障害の一つ一つが上手く理解できないうちは、居宅介護は失敗、失敗。ピンチ、ピンチの連続でした。悲しく、苦しく、筆舌に尽くせないものを体験しています。

その一方で、困った時はその都度「助けを求めて」きました。幸いにも人々の深い愛に恵ま

れ、認知症の一つ一つの障害を正しく理解することで、障害を抱えながらも「楽しく、明るく、活き活きと暮らす」ことのできる介護の方法があることを数多く発見することができました。

特に重度の各種生活障害は、障害を正しく理解することで、今まで伝えられてきた介護の方向とは違った、新しい介護の方法があることを体験しています。

これらの貴重な「介護のあり方」を私一人に埋没させるのでなく、広く認知症の人とその家族、更には「認知症の介護」を担当されるヘルパーさんなどに、広く伝える必要を痛感しています。

有志が集い「認知症を正しく理解し、認知症の人の心に寄り添う介護」を伝承、開発をすることで、少しでも社会に貢献したいと考えています。

(2) 24年間を振り返って

認知症の介護はピンチと失敗の連続です。発病当初から君子と二人暮らしで、毎日君子が「死にたい」「お世話になりました。帰ります」と繰り返す姿を見て、今までの体験から君子の余命は4年半位だろうと覚悟しました。しかし、仕事を続けなくてはいけないので、病院の相談員に聞いて京都福祉サービス協会を紹介してもらいました。そうして、京都福祉サービス協会の理念「くらしに笑顔と安心を」の通り、24年間途切れることなく笑顔を提供してもらいました。

最初のヘルパーさんから「楽しく、明るく、生き生きと暮らしていける」ことを、次のヘルパーさんから「認知症でも新しい記憶ができる」ことを教えてもらいました。認知症はどんどん進行していき、ピンチは続きましたが、最初の10年だけでなく後半も「楽しく、明るく、生き生きとした生活」は続いていきました。
「ピンチはチャンス。失敗は新たなケアの発見」を実践してもらいました。特に排泄ではピンチが続きました。排泄ケアは、病院や暮らしの中でもオムツ一辺倒でしたが、松尾ヘルパーさんに指摘されポータブルに切り替えることになります。そのおかげでオムツかぶれも褥瘡もなくなり、10年以上オムツかぶれなしでやってきました。

さらに体内時計が25時間であることも発見することができました。このことを教えていただいたことがその後のケアに大きく役立ちました。ケアが上手くできていないときは体内時計の理解ができていないときで、失禁とオムツかぶれが続くときは、起きているときにケアをせず、寝ているときにケアに来てもらっているということでした。このリズムとケアプランが上手く合ったときは失禁ゼロに近いデータが出ています。２０１３年１月には、便失禁１％尿失禁４％でした。後半になると、自力で排泄できなくなったため、単にポータブルに座らせたままでは排泄できませんでした。しかし、このピンチもツボを刺激するという方法で、尿の神様、便の神様が現れ、その技術をほとんどの人が学んでできるようになります。

このようにサービス協会のヘルパーさんや皆さんがピンチはチャンス、失敗は新しいケアの発見を笑顔一本で続けて下さり、24年間やってくることができたのです。本当にありがとうございました。

モデルがなかったにもかかわらず、ピンチをチャンスに。失敗を新しいケアの発見に結び付けてくれたのは、ヘルパーさんたちや事業所の皆さんのあたたかい笑顔なのです。この記録を残すことができれば、これからの人は、少なくとも24年間は同じようなケアを受けられるのではないでしょうか。

ケアの本質は技術ではないということです。人間として信頼し合えるかが基本になると思います。認知症はよくなる病気ではないので、次々にピンチと失敗が起こります。それを支えてくれるのは、笑顔一筋だと思います。また、認知症のケアは相性が合うかどうかで決まると思うのです。君子の場合、裸足で飛び出して歓迎するほど喜ぶヘルパーさんや病院まで逃げて来てしまうヘルパーさんなどいましたが、利用者としては、あたたかい笑顔がどれだけ伝わるかどうかで決めれば良いと思うのです。

いつも皆さんにお話ししてきたように、認知症ケアはピンチ、失敗の連続です。一日として同じ日はありません。4、5年で死ぬと思っていたのが24年間も続けてこれたのも、これまで関わっていただいたヘルパーさん、先輩ヘルパーさんたちのおかげだと思っています。すべてのピンチがチャンス、すべての失敗が新しいケアの発見に繋がっています。

この原動力は何だろうと考えてきましたが、ひとえに皆さんのあたたかい笑顔に尽きると思います。どんなピンチや失敗もあたたかい笑顔で包み込み、新しいケアを発見してくれるのです。

事業者の方にお話ししたいのは、利用者は困っているから頼むのです。困っている内容も予め予想でき、事業所が準備できるケア以外の新しいケアの必要性が生まれてくるのです。ですから、ピンチと失敗の連続を一緒になって考えられる人で、笑顔のある人でなければ新しいケアも生まれてこないと思うのです。そういう意味で、「くらしに笑顔と安心を」に尽きると思います。

(3) 認知症になっても安心して生きられる社会に向けて

利用者が困っている時に緊急対応ができる態勢、それを事業者が持てる介護報酬になってほしいと思います。24年も歩き続けて来られたのは、妻と二人だったからこそです。娘やボランティア、近隣の方々、そして在宅サービス（ヘルパー）のおかげです。在宅サービスがもっともっと充実し、困った時に助けがある「認知症になっても安心して暮らせる社会」が一日も早く来ることを願っています。

そして、そのような社会を実現するための一助となるように、2014年11月より月に1回、私の家を開放して、「認知症カフェ・いきいき」を開催することにしました（163頁参照）。運営は、京都福祉サービス協会にお任せしました。カフェは、認知症の当事者、ご家族、地域の方、介護に携わっている方の誰もが、気軽に参加できる居場所です。認知症になっても生き生きと楽しい時間を過ごすことができるように、ヘルパーを中心としたスタッフが、趣向を凝らしてプログラム作りに励んでくれています。また、ご家族からの介護相談や当日の介護（食事・排泄・移動）も行っています。

用語解説―本文から抽出

掲載頁	用語	意味・解釈等
3	老老介護	高齢者が高齢者を介護すること
9	アルツハイマー病	不可逆的な進行性の脳疾患で、記憶や思考能力がゆっくりと低下し、日常生活の最も単純な作業を行うことにも支障がでてくる病気
10	徘徊	認知症などにより、無意識のうちに目的なく歩きまわること
40	白内障	水晶体が加齢とともに白く濁って視力が低下する病気
55	せん妄	病気や薬の影響、環境の変化などによって意識障害が起こり、混乱した状態
64	脱水症状	加齢によって喉の渇きや温度に対する感覚が弱くなり、からだに不可欠な水分や体液が不足した状態。筋力低下、熱中症、脳梗塞、心筋梗塞などにつながる深刻な生命の危険性を含んでいる。
71	腸閉塞	腸の中で食べ物や消化液など内容物の流れが止まってしまう状態
71	宿便	腸内に長く滞留している便
77	軟便	水分量が多い便
80	介護認定	介護保険からサービスを受けるために、利用者について介護を必要とする状態であるかどうかを判定すること。
83	仙骨	脊柱の一番下にある骨で、骨盤を構成するひとつの骨
83	鼠径部（そけいぶ）	左右の大腿部の付け根にある溝の内側にある下腹部の三角形状の部分
88	利尿剤	尿量を増やし、体の中の余分な水分や塩分を減らす作用のある薬剤
99	フルサポートヘルパー	京都福祉サービス協会で夜間対応型訪問介護に従事する職種名
99	アガー	菓子作り等に使用するつるんとした食感の出る凝固剤
107	誤嚥	食べ物などが食道でなく、気管に入ってしまうこと
121	限度額	利用者の要介護度に合わせて設定される、介護保険から給付される上限額
143	ヘルパー２級研修	ホームヘルパーを実施するために必要な知識、技術等を学ぶために国が定めた研修プログラム。現在は、制度が見直され介護職員初任者研修となっている。

認知症カフェ「いきいき」にようこそ

カフェは希望の介護への入り口となりうるのか

居宅部門　高野事務所

写真の掲載については、ご家族に承諾を得ています。

いきいきカフェの特徴

① 施設ではなく、普通の民家で開いているため、敷居が低く、気軽に参加できて、くつろげる。

② 認知症であることを意識せず家族と共に過ごすことができ、当事者同士また他の人と交流ができる。

③ スタッフはヘルパーが中心であり、食事・排泄・移動介助等、必要な方には介護が提供できる。

④ 当事者・家族が主人公。それぞれに役割がある。

⑤ 送迎をするようになったこと。　継続しての参加が可能になり、馴染みの関係が築きやすくなっている。

⑥ 気軽に相談支援が受けられる。介護サービス等の情報提供があり、社会とつながる機会を得られる。

⑦ カフェにはまだ来れない人に向けて、また、楽しめる企画して、歩こう会や音楽会を「番外編、集まるカフェ」として、企画している。

カフェの風景 ～当事者・家族が講師役　習い事編～

お母さんは、手芸会社の元プロの編み物の講師。現役時代は、全国を飛び回っていた。かぎ針を持つと表情はいきいきとして、言葉巧みに生徒をその気にさせる、誉め上手。初めての編み物も出来そうな気がしてくる。

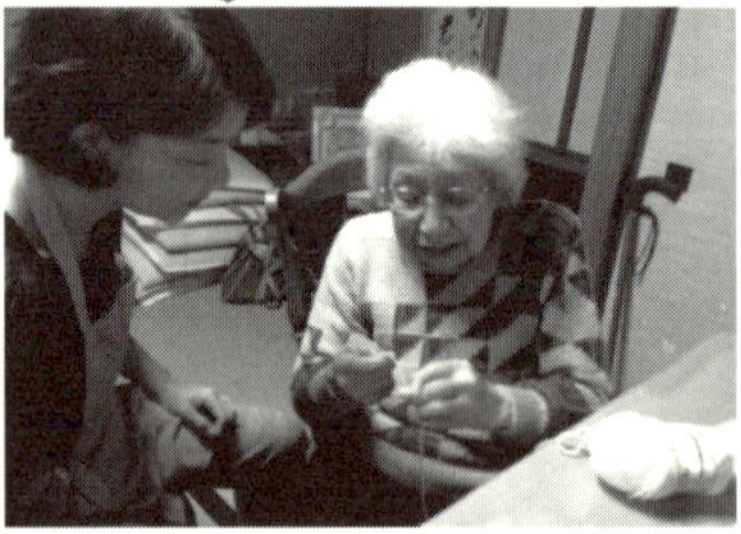

娘さんは、パステル画の楽しさを、みんなに伝えたいと活動を提案し、自らパステル画の講師となった。お母さんと一緒に楽しめる遊びを求めて…

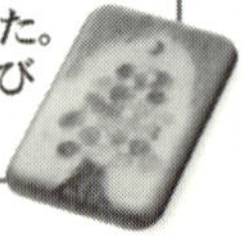

カフェの風景～相談支援～ 絶望の告知から希望を明日へ繋ぐ

認知症の告知は、当事者・家族にとって、暗雲が立ち込めるような情景をもたらすことがある。ご家族が安心して、不安、悲しみ、怒りの気持ち、困りごと、悩みごとを話すことが出来る場を提供する。必要なら、介護サービスに繋ぐ。

認知症になっても、話せる場、わかりあえる場、知恵を出し合う場があれば、希望が明日に繋がる。
当事者同士の交流(ピアサポート)を通して、横のつながりも作っていく。
介護の工夫についても学び合える。

音楽のちから～調べは人生の物語を呼び起こす～

2017年8月

2017年12月

カフェにはまだ来れないけれど、音楽会には参加されるTさんのエピソード。
息子さんが音楽家のTさんは、12月の演奏会のあと、大正琴に興味を示され、大正琴を手にされたのが印象的だった。後日談として、今回大正琴の演奏会に参加したことで、8月ヴァイオリン演奏会のことを思い出される。日常生活の中での記憶は難しくなっているTさんであるが、自宅に訪問するヘルパーに、ヴァイオリンと大正琴の演奏会での感動をつぶさに熱心に話されたというエピソードが生まれた。

「私は音楽がないと生きていけないの」とまで言われ、このことをきっかけとして、活発に過ごされる様子も伺えてきた。

また、「息子もこんなところで、演奏会をしたらいいのに」と言われた。早速、息子さんにこのことを伝えたところ、近々息子さんの演奏会が実現出来そうだ。ちなみに息子さんは東京から京都に来て下さる予定♬♪

笑顔の連鎖

新聞を切抜いて川柳作り✂

言葉を繋げて、本音をぽろり。人生は奥深い。

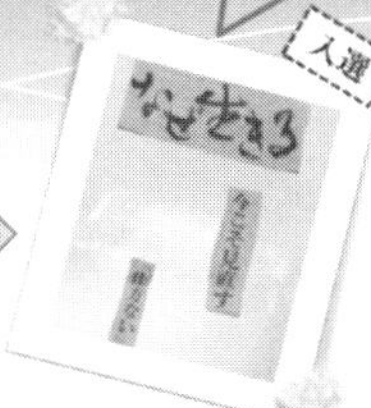

あとがき――出版に寄せて「世界に誇るケア」

妻の君子が認知症だと確定し、記憶を奪われることに比例して、既に前向きの暮らしも奪われ続けていました。同じものを買い続けたり、財布が盗まれると騒ぎます。元気を奪われた妻は、縁側に座って「死にたい、死にたい」と口ずさむようになり、更に「お世話になりました。家に帰らせてもらいます」といい、徘徊が始まりました。

介護者の私が仕事の都合で休むことができず、留守中「行方不明」になられては困ります。京都福祉サービス協会に「私の留守中の見守りケア」をお願いしました。願いがかなえられ、1993年3月18日から、ヘルパーの訪問が始まりました。

私の認知症の居宅介護は、居宅介護の経験もなく、参考にしたい参考書もなく、病状の進行に伴い、悪戦苦闘、ピンチ・ピンチ、失敗・失敗の連続でした。当初私は、君子の余命は4年半と覚悟していました。

ところが、幸いにも世界に誇る、天使のような温かい笑顔・笑顔のヘルパーのケアに恵まれ、一転「楽しく、明るく、生き生きとした」暮らしが始まりました。ピンチ・ピンチ、失敗・失敗のケアは一転、ピンチ・ピンチはことごとくチャンスに、失敗・失敗のケアはことごとく新しいケアの道を切り拓いてくれました。

温かい笑顔・笑顔のヘルパーのケアに恵まれたおかげで、認知症の居宅介護24年、君子は、天寿（88歳）

を全うしました。感謝・感謝の気持ちでいっぱいです。

65歳以上の認知症の人は、２０２５年には７００万人と報道されています。65歳以上の5名に1名の割合です。認知症の居宅介護を希望される人も多くなると思われます。しかし、介護経験がなければ、ただただ迷うばかりです。

世界で初めてかもしれない、私が体験したこのような有難い笑顔・笑顔のヘルパーのケアに恵まれ、ピンチ・ピンチ、失敗・失敗の居宅介護が一転、ピンチはチャンスに、失敗は新しいケアの発見へと「楽しく、明るく、生き生き」と暮らせた居宅介護の体験を、私一人の体験として埋もれさせてしまうのはもったいないと思います。24年間の居宅介護を支えたこの素晴らしいケア、貴重な体験を私の言葉で記録しておくだけでなく、担当されたヘルパーのそれぞれの言葉で記録を残すことで、世界の認知症の居宅介護をしている人、これから居宅介護をする人全ての人々の参考になればと思います。

京都市左京区岩倉東五田町30番地

谷口　政春

谷口政春（たにぐち　まさはる）

1924年彦根市生まれ。京都府立医大附属病院でインターン終了後、京都市上京区の白峰診療所に内科医として勤務。1958年2月より西陣地域住民とともに医師として京都堀川病院設立に参加。内科、老年科医。1983年より堀川病院院長。1988年に定年退職後、堀川病院顧問として2004年まで勤務。著書に『在宅ケアのアプローチ・訪問看護の確立を目指して』（医学書院）など。

社会福祉法人京都福祉サービス協会

1986年に任意団体として発足、1993年に社会福祉法人認可を受ける。以来、「くらしに笑顔と安心を！」を運営理念として事業展開。京都市内において、高齢者介護施設サービス、地域密着型介護サービス、居宅介護支援サービス、訪問介護サービス、児童館等を運営。職員約2,660名（内ヘルパー約1,400名）。訪問介護事業については創設時から開始しており、事業所は12か所あり、2018年12月現在、利用者6,000件（1か月あたり件数）を超える実績がある。著書に『ホームヘルパーの認知症ケア事例集』（ミネルヴァ書房）など。

法人本部　所在地　〒600-8127

京都市下京区西木屋町通り上ノ口上る梅湊町83番地の1 ひと・まち交流館京都4階

電話番号（075）354-8745／FAX番号（075）354-8746

ホームページ　https://www.kyoto-fukushi.org/

ヘルパーが支えた老老介護24年

—ピンチをチャンスに、笑顔でつなぐ認知症ケア

2019年5月22日　第1刷発行

発行者　竹村正治

発行所　株式会社かもがわ出版

〒602-8119　京都市上京区堀川通出水西入

TEL075-432-2868　FAX075-432-2869

振替 01010-5-12436

ホームページ http://www.kamogawa.co.jp

製作　新日本プロセス株式会社

印刷　シナノ書籍印刷株式会社

ISBN978-4-7803-1025-2 C0036